JN304241

第一部

『ローマ人の物語』を訪ねる〈I巻～V巻編〉

都市国家ローマは、なぜ地中海の覇権を握ることができたのか？　ローマ興隆期の道のりを追う——。

第I巻『ローマは一日にして成らず』
第II巻『ハンニバル戦記』
第III巻『勝者の混迷』
第IV巻『ユリウス・カエサル―ルビコン以前』
第V巻『ユリウス・カエサル―ルビコン以後』

ローマ人の物語I

ローマは一日にして成らず

文庫1・2

紀元前八世紀、ローマはその産声をあげた。古代ローマとそこに生きた人々の壮大な物語が始まったのだ。イタリア半島中部、テヴェレ河沿いの七つの丘に人々が住み着いたのが、都市ローマの発祥である。その成り立ちは、ことわざの通り「一日にして成らず」であったという。ローマ人たちは内紛や周囲の民族との抗争に明け暮れながら、たゆまぬ歩みを続け、次第に国としての枠組みを固めていく。それは、一千年以上におよぶ繁栄の、土台作りでもあった。

第I巻からすでに、後の飛躍を生むローマ人の資質を読み取ることができるだろう。

＊　＊　＊

伝承によれば、紀元前八世紀、トロイ戦役の勇者アエネアスの末裔であるアルバロンガ族の王女と、軍神マルスの間に双児《ふたご》が生まれた。二人はロムルスとレムスと名づけられたが、アルバロンガ族の王となっていた王女の叔父が、自らの地位の正当性が揺らぐことを恐れ、双児をテヴェレ河に流してしまう。

〈赤ん坊の入った籠《かご》は、河口近くまで流れてきて、河岸の繁みにひっかかってとまっ

ロムルスとレムスに
乳を与える狼の像

た。籠の中から聞える幼児の泣き声に、付近を通りかかった狼《おおかみ》が気づいた。幼な児二人に乳をふくませ、餓死から救ったのはこの母狼だった①33〉

その後、羊飼いに育てられた双児は近隣の人々をまとめあげるリーダーとなったが、二人の間に不和が生じるようになり、遂にはロムルスがレムスを殺《あや》めるに至る。

〈レムスが死んで一人だけの王になったロムルスは、まずはじめに、パラティーノの丘の周囲に城壁をめぐらせた。都市建設の意思表示である。神々に犠牲を捧げての式も、厳かにすませる。その日は、紀元前七五三年の四月二十一日であったという。このローマ建国の記念日は、以後一千年以上もの長い歳月、絶えることなく毎年祝われる祭日になった。

「サビーニの女たちの掠奪」（ニコラ・プッサン画）

その年、ロムルスは十八歳。この若者と彼に従《つ》いてきた三千人のラテン人によって、ローマは建国されたのである①52〉

最初の「同化」？

初代の王となったロムルスとともにローマの建国に参加したのは、どのような人々であったのか。

〈どうやら誕生直後のローマの市民の大部分は、独り身の男たちであったようである。なぜなら、政体確立につづいてロムルスが行った第二の事業は、他民族の女たちを強奪することであったのだから①54〉

　ローマ人が目をつけたのは、近隣のサビーニ族だった。祭りに乗じ、サビーニ族の若い女た

ローマのテルミニ駅前に残るセルヴィウス城壁。六代目の王セルヴィウスの時代に造られた

ちを強奪したのである。以後、二つの部族は幾度となく争ったが、あるとき、サビーニ族の女たちが両軍の間に割って入った。夫であるローマ人と、親兄弟のサビーニ族が殺しあうのを諫《いさ》めたのである。その後、講和が結ばれた。〈サビーニ族の自由民全員には、ローマ人同様の完全な市民権が与えられた。私有財産に関する諸権利とともに、市民集会での投票権ももったわけだ。サビーニ族の長老たちには、元老院の議席も提供された。

　ロムルスにしてみれば、人口の増加と兵力の増大を望むがゆえの策であったろうが、このやり方は、当時のローマ人が考えていた以上の成果につながることになる。プルタルコスは、『列伝』の中で次のように述べている。

「敗者でさえも自分たちに同化させるこのやり

方くらい、ローマの強大化に寄与したことはない」〈①57〉

王政から共和政へ

ロムルスから数えて七代目の王タルクィニウスの時代、ローマの王政は行き詰まる。横暴な王に対し市民たちが決起し、王とその一族を追放したのである。こうして紀元前五〇九年、ローマは共和政に変わった。

市民を糾合し王政を廃したのは、ルキウス・ユニウス・ブルータスという男だった。

ルキウス・ユニウス・ブルータス

〈ルキウス・ユニウス・ブルータスは、歴史にはときにあらわれる、先見と実行の能力をともにそなえた人物であったのだろう。彼の母は追放された王タルクィニウスの姉妹だから、王とは叔父と甥《おい》の関係にある。ブルータスという姓も、もともとからの姓ではない。馬鹿者を意味する言葉から生れた、綽名《あだな》である。専横をほしいままにしてきたタルクィニ

共和政時代中期のローマの模型。左上の赤い屋根の神殿のある丘が、カピトリーノの丘

ウスの時代を、「阿呆《ブルータス》」と軽蔑されながら隠忍してきたのだという。その綽名が、結局は姓になった。

しかし、阿呆呼ばわりされても王の甥ならば、権力の近くにあって、すべてを冷静に観察する機会には恵まれていたにちがいない。情報も豊富であったろう。その彼だからこそ、もはやローマは、効率的ではあっても王になる個人の意向に左右されないではすまない制度は、捨ててもよいまでに成長したと判断できたのではないか。改革の主導者とはしばしば、新興の勢力よりも旧勢力の中から生れるものである①113〉

一方、市民の数が増えるに伴い、貴族層と平民層の対立が深刻化してくる。これをいかに解決するかが、その後のローマにおいて重要な鍵となるのである。

国難を経てのイタリア統一

共和政に入っても周辺部族との戦いに明け暮れていたローマであったが、紀元前四世紀初めに北方から襲来してきたのは、勇猛で怖れられていたケルト族だった。ローマ市内に侵入し略奪の限りを尽くす彼らの前に、ローマ人たちはなすすべもなかった。多額の身代金をローマが支払うことで、ようやくケルト族は立ち去った。だが、建国以来はじめての屈辱を受けたローマに対し、同盟関係にあった周辺部族の中には離反する動きが広がるようになる。

〈しかし、なぜローマが、アテネやスパルタやカルタゴよりも強大になれたのかという問いを発し、その問いに答えを与えるためにローマの歴史を書いたギリシア人のポリビウスは、この前三九〇年のケルト族来襲を、ローマが強大になりはじめる第一歩として重視している。どん底に落ちたのだから這い上がるしかなかったのだが、落ちたままで終ってしまう民族とて少なくはない。ローマ人は、前三九〇年に底まで落ちたものの、いかにもローマ的に、ゆっくりとではあっても着実に這い上がっていくの

である②67〉

結果的にローマはこの機を利用するのである。まず、人材を十分に活用するため、すべての要職を貴族だけでなく平民にも開放した。そして対外的には、同盟諸部族の指導者層にもローマ市民権を与えることで、ローマとの同化を促し、ひいては勢力の拡大を図った。これらの施策で国力を回復したローマは、中伊から南伊にかけての山岳地帯に住むサムニウム族を支配下に置き、さらに南伊のギリシア系諸部族の制圧をも成し遂げる。

〈紀元前二七〇年前後のこの時期にいたって、ローマは、北はルビコン川から南はメッシーナ海峡にいたるイタリア半島の統一を完成した。紀元前七五三年の建国から数えれば、実に五百年におよぶ長い歳月をかけた事業である。

メッシーナ海峡の本土側に立てば、シチリアは指呼の距離にある。ピュロスがシチリアの向うにカルタゴを見たように、ローマ人もシチリアの彼方《かなた》にカルタゴを見るようになるのには、この後十年と要しなかったのであった②197〉

地中海の盟主の座をかけた戦いが、すぐそこに迫っていた——。

column

すべての要職を平民にも開放した「リキニウス法」のスゴさ

紀元前五世紀、王政を廃したローマは、共和政を採用した。暴君となりうる王の出現はこれで食い止めることができたが、大きな問題が残っていた。貴族と平民という二大階層の対立である。

共和政により元老院はローマの統治機構の中心になったが、これは貴族に占められていた。平民層は自分たちの権利を守るため、護民官の創設を認めさせたが、二つの階層の対立は解消されなかった。

しかし、画期的な解決策をローマ人は考え出す。紀元前三六七年に制定された「リキニウス法」である。提案した護民官の名を付けられたこの法により、すべての要職が平民出身者にも開放された。

〈まったく、スゴイの一語につきる。役職を貴族別平民別と分けていたならば、まずもって機会の均等に反する。差別を廃する目的でなされたことが、反対に差別を定着させる結果になる。そのうえ、このような事柄は二分すれば二分されたままでつづいてしまうのだ。互いに二派に分かれた利益代表が、常時にらみ合いをつづけるようなものである。これでは、ローマは国内に二つの政府をもつことになり、国全体の力の有効な活用を実現しなければならない、政治改革の名には値しない。また、抗争の火種を永久に体内にかかえこむことでもあった。

それなのに、前三六七年当時のローマ人は、全面開放を選んだのである。全面開放ならば、完全な自由競争になる。選挙の結果、執政官は二人とも貴族になることもあろうし、反対に二人とも平民で占められる場合もあるだろう。結果がどう出ようが、自由な競争の結果なのだから、両派とも文句のつけようがない。そして、この選択の最上の利点は、利益代表制度を解消してしまったことにあった②83〉

リキニウス法に加え、元老院議員を平民層にまで開放するという法律が作られ、二つの階層を隔てるハードルは更に低くなった。

〈重要な公職を経験した者は、貴族・平民の別なく、元老院の議席を取得する権利をもつと決められたのである。平民階級の権利の保護が仕事である護民官ですらも、退任後は元老院議員になれるのだ。労働組合の委員長が、退任後に取締役になるようなものである②84〉

〈これ以後のローマは、貴族政ではなく、文字どおりの寡頭《かとう》政体の国になる。貴族政

北側から見たフォロ・ロマーノ。左手のセヴェルスの凱旋門の手前に、コンコルディア神殿は建っていた

とは、貴族に生まれた少数の人間が多数を統治することだが、寡頭政は、少数の人間が多数を統治することでは同じでも、その少数は血を問われない。ローマは、もはや迷うことなく、この道を選択したのであった〈②85〉

リキニウス法の成立を記念し、フォロ・ロマーノにはコンコルディア神殿が建てられた。

〈神殿は、神に捧げる目的で建てられる。階級闘争の解消を念じて建立されたこの神殿も、融和の女神コンコルディアに捧げられた。国内融和さえも神格化してしまうローマ人の多神教的性向には微笑するしかないが、前三六七年当時のローマ人の、リキニウス法に賭《か》けた気概が伝わってくるようではないか②88〉

ローマと敵対するがゆえに……。

「ローマ軍に勝つたびに、わが軍の戦力は減っていく」 ②191

ギリシアの王国エピロスの王ピュロスが、側近にこぼした言葉。ピュロスは〝アレクサンダー大王の後継者〟とまで言われた戦術の天才で、対ローマ戦に勝ち続けたが、兵の損失をしぶとく補充し、戦いをあきらめないローマに、結局は敗走することに。

「カルタゴの許可なくしてはローマ人は海で手も洗えない」 ③36

カルタゴ人の言葉。ローマがようやく中部イタリアを征服した紀元前四世紀、地中海は海運大国カルタゴの支配下にあった。そのため、両国の間で結ばれた通商協約も、ローマに不利な内容だった。だが、およそ百年後に始まるポエニ戦役で両者の力関係は逆転し、地中海の盟主の座はローマに移ることになる。

ローマ人の物語II
ハンニバル戦記

文庫3・4・5

紀元前三世紀後半、イタリア半島を統一したローマは、シチリアへの派兵を決める。しかしそれは、北アフリカの大国カルタゴとの全面対決をも意味していた。中でも最大の敵は将軍ハンニバル。イタリアに攻め込んだ彼は、不屈の精神と卓越した知略で、ローマを追い詰めていく。

窮地に立たされたローマに起死回生の策はあるのか。そして地中海の覇権を巡って争われた「ポエニ戦役」はどのような戦いであったのか。カンネ、ザマといった名高い会戦も登場するこの巻で、ローマ帝国の強靭さの原点を知ることができるだろう。

* * *

イタリア半島の覇者となった古代ローマ人にとって、シチリアとはどんな土地であったのだろうか。

〈長靴を思わせるイタリア半島の「つま先」に、今にも触れそうな感じでシチリアがある。イタリア本土とこのシチリア島をへだてる海峡は、シチリア最東端の都市メッシーナの名をとって、古代からメッシーナ海峡と呼ばれてきた。最短距離ならば、わ

現在のメッシーナ海峡。シチリアの東端メッシーナからは、海を隔ててすぐ先にイタリア本土が見える

ずか三キロ。本土側の連絡船の発着地ヴィラ・サンジョヴァンニからメッシーナの港まででも、七キロしか離れていない。この間を結ぶ連絡船に乗れば、コーヒーを注文して、それをゆっくりと飲み終る頃には着いている。

ヴィラ・サンジョヴァンニに立つと、出て行った連絡船が対岸のメッシーナに着き、人と車と列車を乗せて再びもどってくる様子が、手にとるように眺められる。現代になって、この海峡に橋を架ける計画は何度となく試みられたが、瀬戸内海とちがってメッシーナ海峡には、橋杭《はしぐい》を建てることのできる小島がない。架けるならば吊橋しかないのだが、世界で最も長い吊橋になるという一九九八年完成予定の明石海峡大橋でも、中央支間距離は二キロメートルであるという。技術的には

カルタゴの将ハンニバル

三キロも可能という話だから、もしかしたらメッシーナ海峡に架かる橋は、いつかは日本の技術で実現するかもしれない。とはいえ今のところは、船で渡るしかないのである。

船で渡るしかないとなれば、メッシーナ海峡の状態は、二千二百年昔も現代もたいした変りはないことになる。イタリアの本土側に立ってシチリアを眺めたときにいだく想いも、同じようなものではなかったか。そして、たとえ海が間にあろうと、この距離が、この想いが、ローマとカルタゴの対決の端緒となったのであった〈③18〉

紀元前二六五年、隣国シラクサからの圧力を受けたメッシーナから救援を求める使節がローマの許《もと》へやってきた。元老院と市民集会はこれに応じ、軍団の派遣を決める。それはローマ軍が史上初めて海を渡りイタリア半島の外へ出て行くことを意味していた。また、メッシーナを救援することはシラクサの後方に控えるカルタゴとの対決をも意味していたのである。以後一世紀以上にわたるポエニ戦役が、その幕を開けた。

最初の海戦

海戦は未経験であったローマだが、新兵器「カラス」を開発・投入し、総力を挙げてその不利を克服していく。

〈ローマとカルタゴの間で争われる本格的な海戦の第一回目は、両艦隊が出会したミラッツォの沖合いで行われた。軍船の数だけでも、カルタゴのそれはローマ海軍の一・五倍になる。また、両軍の操船能力の差も、素人が見ても明らかだった。

船を一線に並べることさえ思うようにいかないローマ海軍を見て、いち早く陣形を整えていたカルタゴ艦隊から嘲笑がまき起った。嘲笑は、両軍が接近するにつれて高まる一方だった。ローマ船の帆柱にまるで蟬《せみ》のようにとまっている奇妙な物体が、カルタゴ兵を笑わせずにはおかなかったのである。

だが、ようやく陣形を整えたローマ艦隊が、一線になって、と言いたいところだが実際はでこぼこだらけの一群になってカルタゴ艦隊に向って突撃をはじめるや、カルタゴ兵の顔からは笑いが消えた③46〉

敵船の甲板に叩《たた》きつけられたのちは、ローマ兵が歩いて渡れる桟橋ともなる「カラス」が猛威を振るい、ローマ軍は圧勝する。その後も、象を率いたカルタゴ軍の猛攻や海上での嵐に悩まされたものの、ローマ軍は勝利を重ね、紀元前二四一年、シチリアでの覇権を手にした。

ハンニバルがやってきた！

思わぬ敗北を喫したカルタゴでは、一人の青年が秘かにローマへの復讐を誓っていた。その将こそハンニバルである。すでにスペインでの植民で成果を挙げていた彼には、大きな計画と野望があった。

〈紀元前二一八年の五月、二十九歳のハンニバルは、準備した全軍を率いてカルタヘーナを出発した。

後世に生きる私たちは、あの時点ではハンニバルしか知っていなかったことを知っている。ハンニバルとその軍はエブロ河を北に渡り、ピレネー山脈を越えて現フランスであるガリアに入り、ローヌ河を渡ることでフランスを横断し、アルプスを越えてイタリアに進攻したことを知っている。大軍を率い象まで連れてアルプスを越えたハンニバルこそ、その後の二千二百年、歴史に興味をもたない人でも話には聴いている、有名な史実になった④20〉

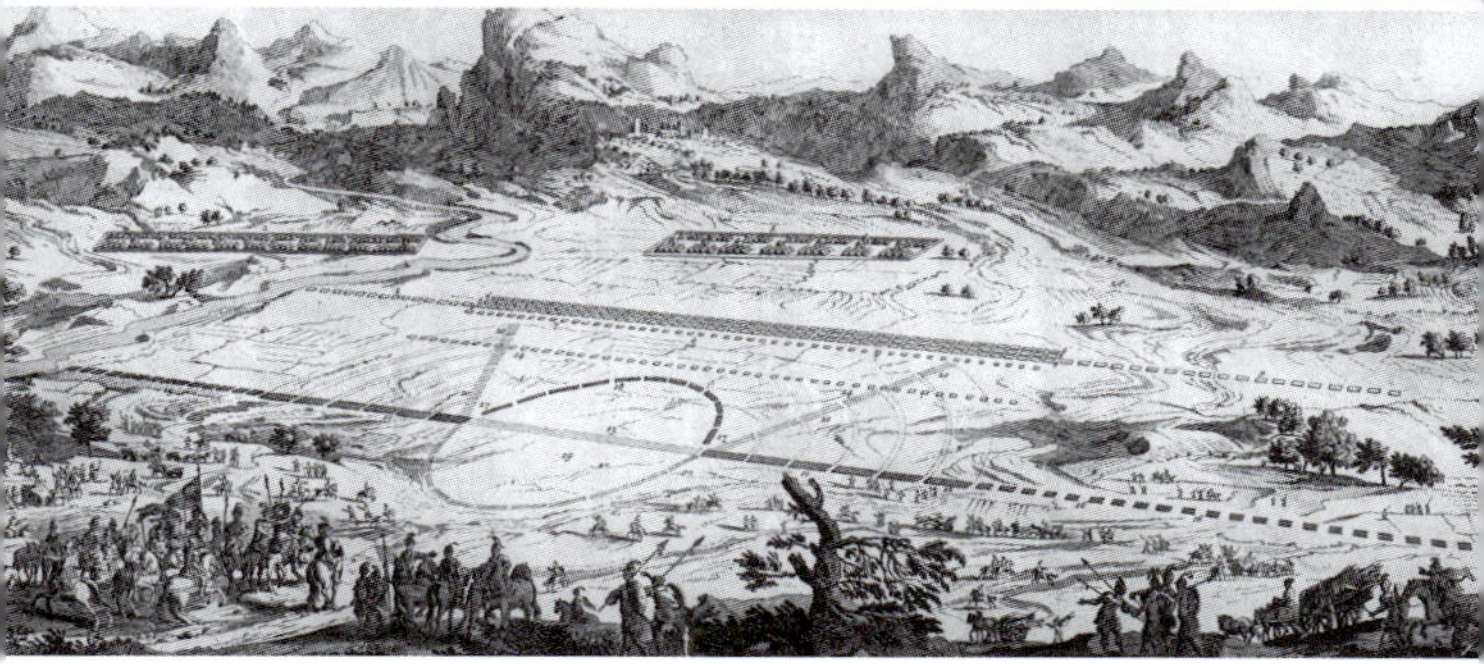

カンネの平原（上）と、後世に描かれた会戦の陣形図（下）

こうしてイタリアに乗り込んだハンニバルは、各地で次々とローマ軍を打ち破っていく。喉元《のどもと》に刃をつきつけられたローマは意を決し、ついに決戦に挑む。会戦の場所は南イタリア、アドリア海に面したカンネの平原であった。

〈ハンニバルは、トレッビア、トラジメーノと、常に彼が望んだ地で望んだときに戦闘をしてきた。カンネも、彼の望む地に敵を誘導したことでは変りはない。だが、カンネでのハンニバルは二キロをへだててローマ軍と向い合って以後は、何一つ積極的な行動は起さなかった。それどころか、小ぜり合いの戦果に気落ちして動きもできないかのように振舞った。

三十一歳の武将は、ローマの司令官たちが、彼の策略にはまることを極度に警戒しているのを見抜いていた。彼らを会戦に誘い出すには、彼らのその警戒心を解く必要がある。そのために、主導権はいかにもローマ側にあるように思わせたのである④106〉

事実、兵力はローマ側が上であった。だがハンニバルはその不利をも利用する。積極的に攻めてきた敵の主力である歩兵部隊に自軍の精鋭を当てて釘付けにし、その隙《すき》にローマ騎兵を叩く。その後に、改めて全兵力でローマ歩兵を包囲したのだ。ハンニバルの戦術は見事に効果を発揮し、ローマ軍は壊滅した。

〈カンネの会戦におけるローマ側の犠牲者は、古人の記述を信ずるならば、七万にものぼったことになる。勝ったハンニバル側の死者は、五千五百。三分の二はガリア兵であった。

その全歴史を鳥瞰《ちょうかん》しても、ローマがこれほどの敗北を喫したのは、このカンネの会戦が、最初にして最後になるのである④115〉

ハンニバルの「弟子」スキピオ

　更なる窮地に立たされたローマの元老院に、一人の青年が現れた。青年は、わずか二十四歳。資格年齢に十六歳も足りないにもかかわらず、自分を司令官として戦線に派遣して欲しいと申し出る。これを拒めないほど、ローマは人材が払底していた。

〈こうして、第二次ポエニ戦役の舞台に、もう一人の天才的な武将が登場する。私には、アレクサンダー大王の最も優秀な弟子がハンニバルであるとすれば、そのハンニバルの最も優れた弟子は、このスキピオではないかと思われる。そして、アレクサンダーは弟子の才能を試験する機会をもたずに世を去ったが、それが彼の幸運でもあったのだが、ハンニバルの場合は、そうはならなかったのであった④198〉

スキピオ

　スキピオは、まるでハンニバルの足跡を追うかのように、スペインへと赴いた。かの地でカルタゴ勢を蹴散らし、続いて矛先《ほこさき》をカルタゴ本国に向ける。本拠地を狙い撃ちにされたと知って、ハンニバルは本国への撤退を決めた。イタリアに攻め込んでから実に十五年の歳月が経っていた。

両軍は、カルタゴから内陸に入ったザマの地で相対した。今度は、兵力ではカルタゴ軍が有利と思われた。しかも指揮を執るのはハンニバルである。

〈これは、カルタゴ対ローマ、五万対四万の会戦であることの他に、戦略戦術の上での師と弟子との、はじめての対決でもあった。

そして、戦術の最高傑作でありながら、ローマ人の執拗《しつよう》さによって戦役の行方を決することにはならなかった「カンネの会戦」とちがって、「ザマの会戦」は、戦役の行方を決すると同時に、地中海世界全体の将来をも決する戦闘になるのである⑤69〉

「弟子」は「師」に倣《なら》うかのように、敵を凌駕《りょうが》した。

〈十四年前にカンネの平原で起ったのと同じ状態が、ザマの平原で再現された。ただし、相手を変えて。

四十五歳の古代屈指の名将は、子飼いの兵士たちが殺されていくのを見守るしかなかった。一万五千のハンニバルの戦士は、このザマで全滅した。

カルタゴ側の戦死者は、この一万五千を加えて、二万をはるかに越えた。そのうえ、二万の兵が捕虜になった。他は、十日の行程にある首都カルタゴに向って敗走した。ハンニバル自身は、数騎を従えただけで、ハドゥルメトゥムに逃げた。ローマ側

の戦死者は、千五百。スキピオの完勝だった⑤80〉
紀元前二〇一年、第二次ポエニ戦役は終結し、西地中海の盟主の座はカルタゴからローマへと移った。

ローマ、地中海の覇者に

勝利に報いるため、スキピオには「アフリカヌス」という尊称が贈られた。しかし、共和政のローマは英雄を好まない。親戚のスキャンダルがきっかけでスキピオは失脚し、ローマ政界からあっけなく姿を消した。

〈紀元前一八三年、スキピオ・アフリカヌスは、リテルノの別荘で死んだ。五十二歳だった。

偶然にも同じ年、ハンニバルも、イタリアからは遠く離れた、またカルタゴからも遠く離れた、黒海沿岸のビティニアで死んでいる。功をあせったローマ軍の一隊長が、ビティニアの王にハンニバルの引き渡しを要求し、それを知ったハンニバルが、肌身離さずもっていた毒薬をあおったからである。稀《き》代《たい》の戦術家は、六十四歳で死を迎えた⑤146〉

「カルタゴ帝国の衰退」(ジョセフ・ターナー画)

一方、ローマは大国としてギリシアやマケドニアの紛争に介入し、いずれも支配下に置くことに成功。そしてカルタゴをも併呑し、イタリア半島のみならず地中海の覇者となった——。

〈陥落後のカルタゴは、城壁も神殿も家も市場の建物も、ことごとくが破壊された。そして、石と土だけになった地表は、犂《すき》で平らにならされ、ローマ人が神々に呪《のろ》われた地にするやり方で、一面に塩が撒《ま》かれた。

草も生えず、人間が住めない不毛地帯と断罪されたこのカルタゴに、再び人が住むようになるのは、ユリウス・カエサルが植民地建設を命じ、彼の暗殺で中絶したがアウグストゥス帝によって実現する、百年後になってからである。今に残るカルタゴの遺跡は、それゆえに、ローマ時代のものであって、カルタゴ人のものは少ない ⑤200〉

column

不可能を可能にしたハンニバルのアルプス越え

当時のローマ人が不可能と信じていた、ハンニバルとその大軍によるアルプス越え。その後のハンニバルの活躍ぶりと併せ、後世にまで語り継がれているが、その行程がどのようなものであったかは、古代から多くの歴史家が考察しているにもかかわらず、いまだに分からないことが多いという。〈ギリシア人の歴史家ポリビウスは、現代のピッコロ・サン・ベルナルドの峠を越えてであったと主張する。ローマ人の歴史家リヴィウスは、それより少し南に下がったモンジネブロで、アルプスを越えたとする説だ④35〉

その他にも多くの説があるのだが、どのルートが正しいにせよ、険しい山々を越えなければならない難コースには間違いなかった。それを、およそ五万の兵士、そして約三十頭の巨象を引き連れ、ハンニバルは縦走を試みたのである。

〈季節は、九月。山中では初雪が散らつきはじめる時期である。はじめて見る象に怖れをなしたのか、ガリア人が正面から戦いを挑んでくることはなかったが、南国生れの象にアルプス山中の天候が心地良いはずはない。象たちは暴れがちで、それをなだめる象使いも、雪の散らつく地方を通るなど初体験だ。そして道は、一歩踏みはずせば谷底という、崖にそった細い道しかなかった。

象たちは動物の勘で、危険な場所にくると動かなくなる。それを、歩兵たちまでが動員されて、前に進ませようと押す。だが、落下の危険はいたるところに待ちうけていた。足もとを誤った象や荷車が、人間たちを道連れにして谷底に消えていった。断末魔の叫びが、曇天を突き抜けて聴えてくるたびに、はるか後方を進んでいる騎兵たちの心までが暗くなった④38〉

アルプスを登ること九日目、ハンニバルたちはようやく峠にたどり着く。兵士たちの疲労は極みに達していた。

〈二十九歳の総司令官は兵全員を集めさせ、東の方角を指し示しながら言った。その方角には、はるか彼方ながら、青空の下にゆったりとかすむイタリアが眺められた。

「あそこはもうイタリアだ。イタリアに入りさえすれば、ローマの城門の前に立ったと同じことになる。もうここからは、下りだけだ。アルプスを越え終った後で一つか二つの戦闘をやれば、われわれは全イタリアの主人になれる」

兵士たちの表情からは、積もり積もった疲労と不満が消えていくようであった。こ

イタリアとフランスの国境付近のアルプス山中

の史実も勉強したのか、これより二千年の後にイタリアに攻め入ることになるナポレオンは、アルプスの峠の上で兵士たちに向い、これとまったく同じ主旨の演説をしている④39〉

その後の下りもまた、難所の連続であった。山地では日ごとに冬が深まっていく。雪が降り積もり、一晩経つとそれが凍ってしまう。雪崩《なだれ》にも悩まされたという。

〈ハンニバルがアルプス越えに要した日数は、登りと下りを合わせて十五日であったという。そして、後にハンニバル自らが残すことになる記録によれば、アルプスを越えてイタリア側の地に降り立った時点での彼の軍勢は、二万の歩兵と六千の騎兵の計二万六千であった④40〉

約半数の兵士を、ローマ軍と対決する前に失ったことになる。だがその代わりに、この前代未聞の冒険行を生き残った将と兵士たちは、計り知れない強さと鉄の絆《きずな》を手に入れた。そして彼らが精鋭となり、ローマを絶望の淵まで追い込んでいくのである。

ローマ人の物語Ⅲ

勝者の混迷

文庫6・7

〈『いかなる強大国といえども、長期にわたって安泰でありつづけることはできない。国外には敵をもたなくなっても、国内に敵をもつようになる。

外からの敵は寄せつけない頑健そのものの肉体でも、身体の内部の疾患に、肉体の成長に従《つ》いていけなかったがゆえの内臓疾患に、苦しまされることがあるのと似ている』――ハンニバル――（リヴィウス著『ローマ史』より）⑥12〉

北アフリカの大国カルタゴを下し、地中海を「我らの海」としたローマ。しかしその覇者も、まさにハンニバルの言葉通り「内なる敵」に悩まされることになった。

グラックス兄弟の挑戦と挫折

共和政ローマはポエニ戦役という非常事態のなかで、本来は市民集会にある政策決定権を元老院に一任したが、戦役後もそれを続けたことで元老院に権力が集中してしまった。また、新たに属州となったシチリアからの小麦の流入が、中産階級の中心を

グラックス兄弟の遺体が投げ込まれたテヴェレ河

占めていた小規模農家を直撃したことなどから、多くの中産階級層が無産階級へと転落。国全体としては生産力が高まったにもかかわらず、かつての中産階級層が失業者へと転じ、貧富の差が拡大したことから、社会不安が増した。これを打開すべく急進的な改革を試みたのが、ポエニ戦役の英雄スキピオ・アフリカヌスを母方の祖父にもつティベリウスとガイウスのグラックス兄弟だった。しかし、新富裕層や既得権益者からなる反対勢力と元老院は改革案の審議を拒否。二人を裁判にかけるでもなく、死に追いやった。早すぎた改革者たちの遺体は弔われもせず、テヴェレ河に投げ込まれたという。

〈ティベリウスとガイウスのグラックス兄弟の肖像は、一つとして現存していない。三十歳と三十三歳で死んだのでは、生前につくられる可能性も少なく、また共和政時代のローマでの兄弟に対する毀誉《きよ》褒貶《ほうへん》の激しさからしても、多くの肖像を捧げられるタイプの人物ではなかったからだろう。（中略）あるとき私が、ローマにあるカピトリーノ美術館の中を見てまわっていたとき、一つの大理石像の前で足が止まった。紀元をはさんで前後一世紀頃の作、とされた若者の頭部を刻んだ像である。それを眺めているうちに、ティベリウス・グラックスはこのような顔つきをしていたのではなかったろうか、と思いはじめたのだった⑥111〉

〈「勝者の混迷」と題するこの巻のカバーには、モデルが判明しているマリウスやスッラやポンペイウスの肖像よりも、私は、カピトリーノ美術館で見つけた無名の若者の像を使うことにした（276頁参照）。意志は強固でもそれは育ちの良い品性に裏打ちされ、口許に漂う官能的な感じは、この若者が冷血漢ではまったくなかったことを示している。そして、憂愁が漂う⑥113〉

平民宰相マリウス

グラックス兄弟の改革が道半ばにして途絶えたのちのローマに登場したのは、地方出身で貴族でもなかったガイウス・マリウスである。五十歳で執政官に就任するまでの人生のほとんどをローマ軍で過ごしたマリウスは、ローマ軍の質量ともの低下を身にしみて理解していた。これを打開するため、徴兵制であった兵役を志願制とする軍制改革を行った。それまで、兵役につくことは直接税を支払うことと同一視されており、それゆえ無産階級層は兵役を免除されていた。マリウスは、こうした有産階級にとっての義務とみられていた兵役を、無産階級層でも志願できる「職業」へと変えたのである。それはおのずと、グラックス兄弟が取り組み、そして挫折した、階級間の格差の解消にもつながった。マリウスの呼びかけに応じて志願してきた兵士には、農地を手放していた失業者たちが多く含まれていたという。

ローマ軍は各地での戦争で敗北を重ねており、市民たちが元老院階級の指揮能力に疑いを持ち始めていたことも、マリウスの軍政改革を容易に進めさせた。

〈失業者問題が福祉の充実では解消しきれない問題であることは、またその理由が、失業とは生活手段を失うだけではなく、人間の存在理由までも失うことにつながるとは、グラックス兄弟の項ですでに述

ガイウス・マリウス

べたとおりである。グラックス兄弟はそれを、農地を与えることや新植民都市の建設、また公共事業の振興によって解決しようとしたが、兄弟の早すぎた死が、その実現を許さなかった。マリウスは、これらの失業者たちを、軍隊に吸収したのである⑥138〉

マリウスはローマ軍団の基本的な編成の整備にも取り組み、これがローマ軍の戦力向上にもつながった。

独裁者スッラ

一方、マリウスの下で経験を積み、後にはその最大のライバルになったスッラは、権力を掌握するとマリウス派を粛清し、恐怖政治と怖れられた。

〈独裁者時代につくられた世にも怖ろしい顔つきをした肖像が有名になってしまったために、スッラといえば威圧的な印象しか受けないが、実際の彼はそうでもなかったようである。とくに若い時期は開放的な性格で、一兵卒にも冗談を言っては関係をときほぐし、親身に要求を聴いてやるので評判がよかった。上位の者に対しては、礼儀は守っても毅然《きぜん》とした態度は崩さず、言うべきことははっきりと言った。背が高く、後年のようにあばた面《づら》にならなかった頃の彼は色白の美男で、立居振舞には常に品位が漂っていた。このスッラには、劣等感に悩むところだけはまったくなかった。野心家ではあった。だが、卑《いや》しい野心家ではなかった⑥144〉

スッラはグラックス兄弟と反対に、元老院体制を強化することで混迷を打破しようと考える。そのため無期限の独裁官に就任。強大な権力を背景に、選挙制度改革、失業対策、福祉対策、司法改革、行政改革などを次々と手がけた。ところが、スッラはこれらの改革を成し遂げるとあっさりと政界から引退。私人として余生を全うした。

〈墓碑には、スッラ自身が生前に考えておいたという、碑文が彫りこまれた。

「味方にとっては、スッラ以上に良きことをした者はなく、敵にとっては、スッラ以上に悪《あ》しきことをした者はなし」

最後まで、人を喰った男であった⑦79〉

だが彼が築いた体制も、その死後にあえなく崩壊する。ローマは、安定にはまだほど遠い状況であった。

ルキウス・コルネリウス・スッラ

「偉大なる」ポンペイウス

スッラ後のローマは、軍事面で天才的な能力を持ったポンペイウスの下でその覇権を広げていくことになる。若くして軍功を重ね二十五歳で凱旋式を行う名誉に浴した彼には、「マーニュス（偉大な）」の尊称までが与えられていた。通常、軍の「絶対指揮権」を与えられる資格年齢は三十九歳であったが、人材難に陥っていた元老院は二十九歳でしかなかったポンペイウスにこれを与え、スペインの内乱の討伐に送り出した。ポンペイウスは元老院の期待に応え、さらに東方の平定や海賊の討伐にも成功、名実共にローマの第一人者となった。

ポンペイウス

〈それなのに「偉大なるポンペイウス」（ポンペイウス・マーニュス）は、ブルクハルトの言う「一人の人物」にはなれなかった。ローマ史上の「偉大なる個人」には、ポンペイウスではなく、別の人物がなることになる⑦196〉

その男ユリウス・カエサルが、いよいよ次巻に登場する。

column

出されたら終わり、「元老院最終勧告」とは何か

ローマの元老院は、建国の時代から続く由緒ある組織である。当初はその名の通り氏族や部族の長老たちから成り、王に対し助言を行う機関であったが、共和政が確立すると、国政の中心を担うようになった。

しかしローマが覇権を打ち立てるにつれて、「元老院体制」とも言うべき統治システムに綻びが生じるようになる。大国ゆえに得られる利権を元老院が独占するという構図が露《あら》わになったのである。

これに、平民階級を代表する護民官という立場から疑義を呈したのがグラックス兄弟であった。とりわけ弟ガイウスは、ローマ市民権を属州民にまで拡大するという急進的な改革を試み、元老院との対立を先鋭化させる。時は紀元前一二一年、ローマ市内では両者の対立により暴動が起こり、元老院派に死者が出る事態となった。

〈翌日は、朝から好天だった。執政官オピミウスはまず元老院を召集した。法案の討議のためということだった。その元老院の建物の前に、昨日殺されたアンティリウス

元老院でカティリーナ(右)を弾劾する執政官キケロ(左)

の遺体が、担架で運ばれてきて置かれた。建物から出てきた元老院議員たちはそれを囲み、何ということだと、口々に嘆き合った。再び元老院の中にもどった議員たちは、もう迷わなかった。ローマ史上はじめての、直訳すれば「元老院最終勧告」(セナートゥス・コンスルトゥム・ウルティムム)、意訳すれば、「非常事態宣言」を発したのである。反国家の行為をした者には、執政官は、裁判なしでも殺す権利を与えられた⑥99〉

改革者ガイウスに吹いていた追い風はこれを境に止まった。絶望したガイウスは命を絶ち、多くの同調者が裁判なしで殺された。

法治国家であるはずのローマにおいて、これほどの超法規的権力を元老院が有するようになった……。しかも、宣言を発するのは元老院自身である。

〈法的には勧告の権利しかもたない元老院には、非常事態宣言など発布する権利はないはずである。ポエニ戦役中には元老院勧告がそのまま実効力をもっていたが、今は戦時ではない。あの時代でさえ、ウルティムムという最後通牒《つうちょう》を示す言葉はなかった。それが加わるだけで、単なる勧告が戒厳令に変ったのである。この矛盾は、共和政ローマに、後々まで問題を残すことになる⑥100〉

この一回だけに留まらず、その後、共和政ローマの元老院は度々「元老院最終勧告」を決議する。いずれも、元老院体制を揺るがす事態に対処するため、相手を「国家の敵」として断罪し、法の手続きを踏まずに処刑することを認める内容だった。代表的な事例を挙げれば次のようになる。

紀元前一〇〇年　元老院の反対を無視し植民地法を強行成立させた護民官サトゥルニアヌスに対して

紀元前七七年　軍を率いて蜂起した民衆派の前執政官レピドゥスに対して

紀元前六三年　国家転覆を図ったとされるカティリーナに対して

紀元前四九年　軍を率いてルビコン川を渡ろうとしていたカエサルに対して

元老院が「最終勧告」を発するたびに、元老院中心の統治体制、すなわち共和政ローマの弱点が図らずも露呈していく。それを克服したのは、最後に「最終勧告」を出されたカエサルその人であった。

ローマ人の物語Ⅳ

ユリウス・カエサル　ルビコン以前

文庫8・9・10

地中海世界に並ぶものなき覇権を打ち立てた共和政ローマであったが、国が大きくなるにつれて、抱える問題もまた深刻になっていた。様々な改革者が現れたが、「古い革袋に新しい酒を注ぐ」に留まり、根本的な解決には至らなかった。

そこに登場したのが、ユリウス・カエサルである。共和政に幕を引き、帝政という新しい枠組みを生み出したこの男がいたからこそ、ローマは世界帝国へと飛躍することができたといえる。この不世出の創造的天才は、どのような環境に生まれ、いかなる時代に育《はぐく》まれたのか——。

＊　＊　＊

〈ローマ建国から数えれば六五三年、西暦ならば紀元前一〇〇年の七月十二日、ガイウス・ユリウス・カエサルは、このローマのスブッラの家で生まれた。偉人の誕生には付きものの、一段と輝きを増した星が降りてきたとかのエピソードはない。彼の誕生は、当時のローマのごく普通の男子の誕生と変わりなく、両親とまだ幼ない姉と、親族と家庭奴隷たちの祝福を受けてのものであったろう。数年して妹が生まれるの

若き日のカエサル

で、カエサルは姉と妹にはさまれた一人息子であったことになる。

それゆえか、母の愛情を満身に浴びて育つ。生涯を通じて彼を特徴づけたことの一つは、絶望的な状態になっても機嫌の良さを失わなかった点であった。楽天的でいられたのも、ゆるぎない自信があったからだ。そして、男にとって最初に自負心をもたせてくれるのは、母親が彼にそそぐ愛情である。幼時に母の愛情に恵まれて育てば、人は自然に、自信に裏打ちされたバランス感覚も会得《えとく》する。そして、過去に捕われずに未来に眼を向ける積極性も、知らず知らずのうちに身につけてくる〈⑧39〉

最初の試練

十八歳のとき、カエサルを最初の試練が襲う。マリウスの甥であり、元老院派と敵対する「民衆派」の巨頭キンナの婿でもあった彼は、当時の最高実力者スッラに睨《にら》まれ、妻との離縁を命じられたのである。しかし、カエサルはこれを拒絶する。

〈史家の一人は、さすがにカエサル、若い頃から豪胆であった、と言う。別の一人は、これは現代の研究者だが、「民衆派」を裏切るような行為は、その派のリーダーを目指すカエサルにはしてはならないことであったからだ、とする。別の研究者は、父親に不幸な死に方をされて悲しんでいたにちがいない、しかも妊娠中の若い妻を見捨てる気持になれなかったからだろう、と言う。

私には、これらの推測はすべて妥当であるように思う。だが、後のカエサルの言行から推し量れば、もう一つの理由もありそうに思える。つまり、カエサルは、絶対権力者といえども個人の私生活に立ち入る権利までは有しない、と考え、十八歳当時も、その自己の考えに忠実に行動したからではなかったか。後にカエサルも絶対権力者になるが、そのときでも彼は、強硬な反カエサルだった人の娘を妻にしていた彼《か》のブルータスに対してさえ、また他の誰に対してさえも、この種のことを匂わすことすらしていない。スッラも、首尾一貫しているところが特質だったが、カエサルも、年齢のちがいも思想のちがいも超えて、その点では似た者同士なのであった⑧81〉

ポンペイウスとの密約

カエサルは紀元前 63 年に「最高神祇官」に選ばれ、以来、フォロ・ロマーノの中にある「最高神祇官公邸」(写真中、白い矢印)に住み続けた

カエサルが政界で台頭するのは意外にも遅く、三十代も半ばに入ってからのことである。会計検査官《クワエストル》、按察官《エディリス》を経て、三十七歳で最高神祇官《ポンティフクス・マクシムス》に就任した。だが執政官職に当選するには、元老院が警戒する民衆派と目されていたカエサルはまだ力不足であった。そこで、当時の「第一人者」であったポンペイウスに接近するのである。

〈いつ、どこで、どのようにポンペイウスと接触したのかは知られていない。アルバの別邸に、カエサルのほうが訪ねたのかもしれない。六歳しか年がちがわないのだから、もちろん知らない仲ではない。知名度では格段にちがう二人だが、ポンペイウスはカエサルに対し、好意ならばもっていた可能性は充分にある。七年前の海賊一掃作戦の際、またそれ

ポンペイウス

「三頭政治」の主役
カエサル(上)、クラッスス

にすぐつづいた東方遠征に際しても、ポンペイウスに大権をゆだねるのに反対であった元老院の中で、キケロとともに賛成した一人がカエサルだった。ただし、ポンペイウスの遠征中に彼の妻のムチアをカエサルが寝取ったという一事があったが、ポンペイウスはムチアに未練がなかったのか、二人の男の間では、そのようなことは障害にはならなかったようである⑨27〉

　ポンペイウスはカエサルの執政官当選に力を貸すことを約束する。反対に、当選の暁には、カエサルはポンペイウスの東方での権益を保証する。資産家クラッススを加え、これが世に言う「三頭政治《トリウンヴィラートウス》」の始まりであった。

こうしてカエサルは無事に執政官に就任した。もはや弱体化し、統治能力を失っていた元老院を内部から劇的に改革する準備が整いつつあった。

八年間のガリア戦役

カエサルは執政官を務めた後、自らの目論見通り、属州総督としてガリアに赴いた。現地人による反乱は絶えず、カエサルの制覇行は実に八年を要したが、南仏アレシアでの勝利が決定的となり、ついにガリアの平定を成し遂げる。

〈戦い終わっていまだ戦闘の後も生々しい包囲網のすぐ近くで待つカエサルの前に、美々しいガリアの最高武装を身にまとったヴェルチンジェトリックスが、馬を駆って現われた。馬を降りたオーヴェルニュの若き指導者と、軍隊用の床几《しょうぎ》に坐ったカエサルは、ここではじめて顔を合わせたのである。『ガリア戦記』の中でもあれほどフェアにこの若き敵将の才能を認めたカエサルは、この場面では次の一行を記すのみである。

「ヴェルチンジェトリックスは、自ら進んで捕われの身になった」

誇り高きガリア人は武器を捨て、ローマの勝利者の前にひざまずいたのである

⑩141〉

華々しい勝利であった。しかし、強大な軍勢と本国イタリアに匹敵する領土を手中に収めたカエサルに対し、元老院が危機感を抱く。ローマに戻ろうとするカエサルに、元老院はガリアの属州総督の辞任を求めるのみならず、軍を解散するよう命令する、あの「元老院最終勧告」を突きつけたのである。

「賽《さい》は投げられた！」

当時、本国イタリアの北の国境とされてきたルビコン川を、軍団と共に渡るのは国法で禁じられていた。

〈ルビコン川の岸に立ったカエサルは、それをすぐには渡ろうとはしなかった。しばらくの間、無言で川岸に立ちつくしていた。従う第十三軍団の兵士たちも、無言で彼らの最高司令官の背を見つめる。ようやく振り返ったカエサルは、近くに控える幕僚たちに言った。

「ここを越えれば、人間世界の悲惨。越えなければ、わが破滅」

そしてすぐ、自分を見つめる兵士たちに向い、迷いを振り切るかのように大声で叫んだ。

ルビコン川といっても、現代では細い小川である。カエサルがどの地点で川を渡ったのかは分かっていない。写真はその可能性がある場所の一つ、サヴィニャーノ・スル・ルビコーネ

「進もう、神々の待つところへ、われわれを侮辱した敵の待つところへ、賽は投げられた！」

兵士たちも、いっせいの雄《お》叫《たけ》びで応じた。そして、先頭で馬を駆るカエサルにつづいて、一団となってルビコンを渡った。紀元前四九年一月十二日、カエサル、五十歳と六ヵ月の朝であった〈⑩234〉

こうして「元老院最終勧告」を無視し、「国家の敵」と見なされてしまうカエサル。元老院はもう一人の実力者ポンペイウスを取り込むことで、カエサルの反逆に対応することを決めた。かつて同盟関係であった二人の、直接対決が始まる……。

column

ガリア戦役を決定づけた「アレシアの戦い」

八年にも及んだカエサルの「ガリア戦役」、そのクライマックスの舞台となったのは、ブルゴーニュ地方の高地に築かれた小都市アレシアであった。ガリアの将軍ヴェルチンジェトリックスは、度重なる戦いで消耗したローマ軍を一気に叩くべく、ガリア全域に支援を要請し、援軍の到着までアレシアの要塞に立て籠ったのである。

これに対し、カエサルはアレシア全体を包囲する戦術を採った。幾重もの堀で取り囲み、堀の周辺の空き地には鋭い木の枝や鉄の鉤爪《かぎづめ》などを敷き詰めた。包囲は七重にも及んだ。

〈内側と同じ七層もの防衛工事は、同じ手順で外側でもくり返された。戦史でも前代未聞のこの包囲網は、完成までに一ヵ月はかかった。これらのすべてを完成して兵士たちに休息を許したカエサルは、一ヵ月以内に勝負が決まることを予想し、全軍に三十日分の食糧と馬用の飼料を貯《たくわ》えておくよう命じた。そして、彼も兵士同様、待機の姿勢に入ったのである⑩125〉

その間、ガリア全域から集まった援軍は歩兵二十五万に騎兵八千。アレシアの八万とあわせ、合計三十四万もの大軍で、ローマ軍を前後から挟み撃ちにしようという作戦であった。一方ローマ軍は、五万に届かなかったという。
〈私には、戦闘も、オーケストラの演奏会と同じではないかと思える。舞台に上がる前に七割がたはすでに決まっており、残りの三割は、舞台に上がって後の出来具合で定まるという点において。舞台に上がる前に十割決まっていないと安心できないのは、並の指揮者でしかないと思う。戦闘も演奏に似て、長い準備の後の数時間で決まる。三十日余りもの準備期間をもったアレシア攻防戦も、実質三日の闘いで決まった⑩131〉

初日、二日目ともに、数の上では劣勢のローマ軍が健闘する。強固に築かれた包囲網は破られなかった。

三日目、ガリア軍は全軍を三つに分けての総攻撃を開始。そこでカエサルは一計を案じる。自ら率いる軍団を二分し、そのうち一方に陣地から出るよう指令したのだ。
〈カエサルの到着は、紅の大マントによって、六万のガリア兵にもそれを指揮するヴエルカッシヴェラヌスにも、すぐにわかった。戦闘は、カエサルの到着によって一段と激化した。喊声《かんせい》は敵味方ともにすさまじく、反撃に転じたローマ兵は、槍を捨て剣

アレシア付近の航空写真。奥の高地（矢印）に籠ったガリア軍に対し、ローマ軍は谷に沿って包囲するように陣を築いた

で闘う。カエサルの後を追ってきた四個大隊も、ただちに投入された。白兵戦が展開しているそのとき、カエサルが背後から突けと命じて送り出していたローマ軍の騎兵団が、敵の背後の丘の上に姿を現わしたのである⑩139〉

突然の挟撃にガリア兵たちは慌てて逃げ出し、残りのガリア軍も、事態の急変に驚いて総崩れとなった。

〈五万にも足らない戦力で、内側八万、外側二十六万もの敵を撃破したのである。数の比だけでも、アレクサンダー大王に匹敵する勝利であった。しかし、前と後の二方からの敵に対してのものとなれば、戦史上はじめてである。この意味を誰よりも理解したのは、救援にきた大軍が敗れ、逃げ去るのを眼にすることになったヴェルチンジェトリックスであったろう⑩140〉

カエサルの軍才が決定的に発揮された戦いだった。この勝利により、ガリアはついに征服されたのである。

カエサルが残した言葉

「人間ならば誰にでも、現実のすべてが見えるわけではない。多くの人は、見たいと欲する現実しか見ていない」⑭12

ルビコン川を渡ったのち、カエサルがローマ全土を掌握するまでの道のりを綴った『内乱記』より。カエサルの名言の中でも最も有名なものの一つ。〈こうは思いながらもカエサルは、指導層の中でも才能に恵まれた人々には、見たいと欲しない現実まで見せようと試みたのではなかったか。『内乱記』を読むだけでも、書き手の品位を損なうような非難の言葉は使われていないにかかわらず、いやそれゆえにかえって、読む者をして、元老院の統治能力の衰えを認めざるをえない想いにさせる〉⑭12

ローマ人の物語V

ユリウス・カエサル　ルビコン以後

文庫11・12・13

八年にわたる戦役を経てようやくガリアを平定し、カエサルは名実共にローマを代表する将軍となった。だが元老院は、軍を解散しての即時帰国を命じる「元老院最終勧告」をつきつける。これを受け入れなければ、カエサルは「国賊」になるのだ。最大の岐路に立たされたカエサルであったが、ついに決断し、「賽《さい》は投げられた！」の声とともに軍を引き連れてルビコン川を渡った。

一方、盟友であったポンペイウスは元老院側に付く。内戦はもはや避けられない。

カエサルの、そしてローマの運命はいかに――。

＊　＊　＊

カエサルの軍がルビコン川を越えてローマに接近中との報を聞いた元老院は、その予想外な行動に慌てふためいた。多くの議員がローマから逃げ出し、元老院派が頼りにしていたポンペイウスも、態勢を立て直すためイタリアを脱出する。

両軍の決戦はギリシア中部のファルサルスで行われた。兵の数で圧倒的に劣勢のカエサルであったが、機敏な状況判断で形勢を逆転させ、戦いを勝利に導いた。ポンペ

カエサルとポンペイウスの決戦の地、ファルサルス

イウスはエジプトのアレクサンドリアに逃げたが、ローマの内戦に巻き込まれることを、エジプト側は望まなかった。ポンペイウスはまもなく殺された。

〈冷徹ではあっても、冷酷ではなかったカエサルだ。かつての友の変わり果てた姿を眼の前にして、涙が頬を伝わったとしても不自然ではない。しかし、カエサル自らは、これに関しては、次の一行しか書き遺《のこ》してはいないのである。

「アレクサンドリアで、ポンペイウスの死を知った」

この一行こそ、小林秀雄の言った、大理石に刻まれた、文章というよりは古代の美術品、のようなものではないかと思う⑪269〉

カエサルが目指していたものは？

首都ローマに戻ってきたカエサルは、国家の大改革に乗り出していく。政治や社会のあらゆる方面に及んだ彼の政策は、一つの根本的な変革を目的としていた。

〈カエサルは、これからのローマにとっては、元老院主導のローマ型共和政よりも、帝政が適していると考えた。民主政《デモクラツィア》が、それが実施される領域の拡大につれて機能しがたくなるのと似て、寡頭政《オリガルキア》も、地理的な事情に無縁ではありえないのである。広大な領土の統治が機能的に成されるには、何よりもまず効率性が求められる。元老院議員も六百人もいれば、意見の統一からして難事業で、政策の一体化もむずかしかった

ローマ市議会の議事堂内に立つカエサル像

〈ローマは、カエサルによって、六百人の元老院から一人の帝政に、国政の決定機関を移行させようとしていた。十四世紀のヴェネツィアの統治地域に比べれば、紀元前一世紀のローマの統治のおよぶ地方は、比較にもならないくらいに広大であったのだ。そしてこの帝政への移行こそが、カエサルが越えた真の「ルビコン」であった⑫131〉

⑫132〉

手始めにカエサルは、独裁官に「終身」で就任することを元老院と市民集会に認めさせた。独裁官は従来、戦時などに時限的に設けられるものであったが、カエサルはこの制度を恒常的なシステムにしようと考えた。反対に、元老院には属州から大量の軍務経験者や実力者を送り込み、その力を希薄化した。こうして元老院には、カエサルが意図しているのが王政であるとの疑念がもたらされるのであった。

悲劇の日、三月十五日

悲劇は紀元前四四年三月十五日に起こった。場所はポンペイウス劇場に隣接した回廊。そこを会場とする元老院会議が始まる直前のことであった。

〈カエサル殺害の陰謀に加担した元老院議員は六十人であったとする説には、確証はない。だが、実行部隊の十四人の名ならばわかっている。この十四人も大事決行に際しては冷静を欠いていたのか、カエサルに斬《き》りつける短剣のもっていきどころを誤って、同志を傷つけてしまった者もいた。

一人に対し狂乱状態の十四人が刺しまくった結果、カエサルが受けた傷は全部で二十三箇所。そのうち、胸に受けた二刃目だけが致命傷であったという。

死を悟ったカエサルは、倒れたときに見苦しくならないよう、トーガのすそを身体に巻きつけながら倒れ、そして死んだ。ポンペイウスの立像の下であったといわれている。

カエサル殺害の首謀者の一人であるブルータスが発行した記念銀貨。殺害の日付が刻まれている

オクタヴィアヌスが発行した貨幣。カエサルを記念した競技会の最終日に天に現われたという彗星が描かれている

オクタヴィアヌス

マルクス・アントニウス(上)とクレオパトラ

他の議員たちが、何が起こったのかもわからずに呆然《ぼうぜん》としていた間にはじまって終わった、一瞬の惨劇であった⑬24〉

これで、カエサルの理想もついえたかに見えた。

二人の後継者

カエサルの殺害後に公開された遺書には、遠縁の若者オクタヴィアヌスが後継者に指名されていた。彼は、カエサルの右腕であったアントニウスと共闘し、カエサル暗殺に加担した勢力を一掃する。しかしそれが果たされると、今度は二人の間で権力闘争が始まった。

若いオクタヴィアヌスがローマで着実に地歩を固める一方で、アントニウスはエジプトの女王クレオパトラに籠絡《ろうらく》され結婚し、領土の一部を与えてしまう。

〈ほとんど、当時のローマ人ならずとも、耳を疑う気狂い沙汰である。クレオパトラは得意の絶頂にあったと史家たちは伝えるが、ローマの覇権下にあった地中海世界の東半分を、それがローマの属州であろうが同盟国であろうがクレオパトラに贈与してしまったのだから、たとえ愛する女人の願ったことであろうと、一将軍の身でこのようなことを決行したアントニウスもアントニウスだった。だが、それを求め、受けたクレオパトラも、単なる一人の女ではなく一国の統治者である。統治者としての責任を自覚していたとは、どうしたって思えない⑬188〉

アントニウスはローマ世界を東西に分割しての共同統治を提案する。だがオクタヴィアヌスはこれを拒否し、両者の対決は必至となった。

カエサルの炯眼《けいがん》

カエサル亡き後のローマの行方を決める戦いは、ギリシア西岸に近いアクティウムの海域が舞台となった。激戦の末に勝利したのはオクタヴィアヌス。アントニウスは自害し、クレオパトラもその後を追った。カエサルの暗殺から十四年が経っていた。

〈その十四年間は、結局はカエサルが後継者に指名したオクタヴィアヌスの一人勝ちで終わったことからも、いったい何のための暗殺であり、何のための十四年であったのかと思わずにはいられない。国家ローマにとっての唯一の収穫はエジプトの領有だが、これもオクタヴィアヌスの私有地としてであったのだから。

だが、結果はどうあろうと、ローマ人同士が死闘をくり広げた内戦は終わったのである。紀元前四四年の春、予想もしなかった後継者指名で突然に歴史の舞台に引き出された十八歳も、今では三十三歳を迎えていた。

アクティウムでの勝利を記念してオクタヴィアヌスが発行した銀貨。「エジプトは征服された」という刻印とエジプトの象徴であるワニが描かれている

もはや誰一人、「オクタヴィアヌス、ＷＨＯ？」とは言わなかった。あの当時の「少年《プエル》」は、十四年をかけて、カエサルが彼に与えた後継者の地位を確実にしたのである。アントニウスでなく、他の誰でもなく、いまだ未知数の十八歳を後継者に選んだ、カエサルの炯眼の勝利でもあった⑬232〉

column

カエサルの好敵手にして理解者、稀代の弁論家キケロ

共和政末期のローマの主役はなんといってもカエサルだが、もう一人、陰の主役とも言うべき人物がいる。古代ローマ随一の弁論家として知られるキケロである。二人は友人だったが、政治的な立場は正反対であった。ローマの根本的な変革を目指すカエサルに対し、元老院体制護持を信条としたキケロ。彼はどのような人物だったのか。

マルクス・T・キケロはローマ南方のアルピヌムの出身。カエサルより六歳年上である。名門の生れではなかったが、卓越した弁論術を武器に政界に進出し、紀元前六三年の執政官に選ばれた。この年、「カティリーナの陰謀」によりローマは大きく揺れる。執政官としてカティリーナの疑惑を追及した彼は、「元老院最終勧告」を引き出して騒動に終止符を打ち、この功績により「国家の父」と讃えられた。この時が彼の人生の頂点だったといえるだろう。

カエサルとは対立を繰り返したが、その実力を同時代の誰よりも認めていたのは、キケロであった。例えば、カエサルの『ガリア戦記』を次のように評価している。

〈これらの巻はすべて、裸体であり純粋であり、人間が身につける衣服にも似たレトリックを、完全に脱ぎ捨てたところに生まれる魅力にあふれている⑨70〉

意見を異にする人物に対しても、優れていれば賞賛を惜しまないキケロ。これだけ見れば、カエサルに匹敵する大人物のように思えるのだが……。政敵に告発され、ローマから追放の憂き目に遭った際には、こんな意外な一面を見せている。

〈もともとが手紙魔だったキケロは、このときの追放中に、おびただしい数の手紙を各地に送っている。ローマにいるポンペイウスはもちろんのこと、ガリアで戦争中のカエサルにまで送っている。そのすべてが、追放の身を嘆き、早くローマに帰れるよう取りはからってくれと頼む内容で共通している。「泣き虫キケロ」の綽名《あだな》の由来も、この時期の手紙からきている。キケロの書簡集を僧院の書庫から発掘したのは、中世末期のイタリアの詩人ペトラルカだが、この中世・ルネサンス時代の代表的な文人は、キケロの哲学論の心酔者なのであった。それが書簡、特に追放中の書簡を眼にして、キケロに対する評価が大変にゆらいだと告白している。なにしろ、あれほどもキケロに好意的だった『列伝』の著者プルタルコスでさえ、逆境には弱かった、と評したくらいだった。とはいえこれも、視点を変えれば「人間的」という評価にはなりうる⑨122〉

キケロ

カエサルとの交流は終生続いたが、ついに両者が政治的な立場を同じくすることはなかった。

カエサルが殺害された後は共和政復活を期待したものの、激しく批判したマルクス・アントニウスの恨みを買う。そのため、元老院派の頭目として粛清される末路をたどった。

〈従容《しょうよう》として迎えた死であった。だが、キケロだけはアントニウスの命で、遺体から切り離されたのは頭部だけでなく、右手も切られてローマに送られ、フォロ・ロマーノの演壇の上にさらされた。アントニウスは、『フィリッピケ』（アントニウス弾劾《だんがい》演説）を書いた右手まで、罰しないでは気が済まなかったのである。

カエサル暗殺に歓喜した日から一年と九ヵ月しか過ぎていない、紀元前四三年十二月七日のことである。六十三歳の死であった⑬123〉

カエサルの死後、彼の理想はアウグストゥスによって完成したが、キケロの死後、残ったのは作品だけであった。しかし、その作品や書簡によって、時代の息吹やカエサルの偉大さが後世に伝えられたのである。

第二部 グラフ

皇帝たちの愛した街

広大な帝国を統治した皇帝たちは、ローマ以外にも自分の場所を探した。別邸（ヴィラ・アドリアーナ）、離宮（ラヴェンナ）、そして新たなる首都（コンスタンティノープル）。建国以来の伝統に満ちた「世界の首都《カプトゥ・ムンディ》」とはまた違う、皇帝たちの想いがそれぞれの街には込められている。

ヴィラ・アドリアーナ

帝国各地を視察した皇帝の壮大な箱庭「ハドリアヌスの別邸」

〈ローマ人は、「negotium」（仕事）と「otium」（余暇）を分けるライフスタイルを確立した民族でもあった。（中略）ハドリアヌスは、ティヴォリの別邸《ヴィラ》を、その建設過程までもふくめて自らの「オティウム」と思っていたのではなかろうか。だからこそあれほども、自分の嗜好《しこう》のすべてを投げ入れたのではないだろうか㉖20〉

歴代のローマ皇帝の中でも最も精力的に帝国各地を回ったハドリアヌス。彼がローマ近郊に築いた別荘は、そのスケールにふさわしく壮大だった。

二十一年の治世の大半を帝国全域の視察と防衛線の再構築に費やした皇帝ハドリアヌスだったが、その激務は、

〈「皇帝にはなりたくないものよ

ブリタニア人の間をほっつき歩き
(辺境の地)をさ迷い
スキュティアの酷寒に肌を刺され」〈㉖31〉

と同時代人に揶揄《やゆ》されるほどであった。だが、ひたすら公務に没頭し、個人的な楽しみがなかったのかというとそうではない。ローマの東約三十キロにあるティブル(現ティヴォリ)に、それまでのどの皇帝の別荘よりも大きな別邸を築いている。最初の巡行からローマに戻った後の紀元一二三年から、実に約十年の歳月をかけて作られたという。

　この「ハドリアヌスの別邸《ヴィラ・アドリアーナ》」の敷地はおよそ十八平方キロ、新宿区とほぼ同じ広さだ。皇帝個人の邸宅だけでなく、浴場や商店、集合住宅などの施設も擁している。もはや別荘というよりは一つの町と呼ぶほうがふさわしい規模である。帝国の版図をすみずみまで巡った皇帝の憩いの場には、これほどの広さが必要だったということか。公共建築の分野にも手腕を発揮したハドリアヌスらしい壮大な別邸は、世界遺産にも指定され、今も訪れる者を魅了し続けている。

敷地のほぼ中央に位置する「海の劇場」。この遺跡のシンボルだ。円形の舞台の周囲には水路が引かれ、船を浮かべることもできたという

遺跡の入り口にある全体模型。敷地内を歩く前に全容を把握できる

「ペキーレ」と呼ばれるエリア。ギリシア建築のストア・ポイキレ（柱廊）を模したといわれる。往時には長方形の人工池（縦100メートル×横25メートル）を回廊が囲んでいたという

「ペキーレ」の周りは散策にうってつけだ。ギリシア文化を愛好したハドリアヌスも、ここを逍遥したに違いない

「海の劇場」の隣にある「哲学者の部屋」。半円形のドームの下に並ぶくぼみ（ニッチ）には、哲学者の彫像が置かれていた

図書館跡。これだけ大きなものを造るのも、何事にも徹底的なハドリアヌスらしい。ギリシア・ラテンの万巻の書物が収められていたという

宮殿の遺跡。ローマ帝国の最高責任者であったハドリアヌスは、この別邸にいる最中にも政務を執り続けた

正面は商店街、右手には公共浴場が見える。皇帝の私的な別邸とはいえ、管理のための要員や警護を担当する兵士などが大勢常駐していた

敷地の奥に広がるもう一つの人工池「カノープス」。エジプトのナイル河口にあったカノープスという運河をイメージして作られたので、この名で呼ばれている。アーチと列柱の組み合わせが特徴的だ

池の周りは様々な彫像で飾られていた。ナイル河で命を落としたアンティノーの彫像もあったのだろう

エジプトを象徴するワニの彫刻

近くに建つ博物館の入り口で、ミニチュアのスフィンクスを見つけた。帝国の縮図を作ろうとしたハドリアヌスの意図が伝わってくる

ヴィラ・アドリアーナ遺跡
入場料　€8
夏季 9:00-18:00 最終入場（19:30 閉場）
冬季 9:00-15:30 最終入場（17:00 閉場）
※月によって時間が変動するので注意が必要

ローマからヴィラ・アドリアーナへは、地下鉄B線のポンテ・マンモーロ駅からバスに乗るのが一番簡単だろう。複数の路線が出ており、所要時間はおよそ1時間。国鉄ティヴォリ駅からもバスが出ている（ローマ・テルミニ駅からティヴォリ駅まではおよそ1時間20分）。

ラヴェンナ
帝国の滅亡を見届けた西ローマ最後の都

〈ラヴェンナは小さく、しかもポー河の河口に位置しているので、その周辺は網の目のように張りめぐらされた水路によって守られている。（中略）このラヴェンナに宮廷を置くということは、臆病なホノリウスに、いざとなれば海路をとっての逃げ道もあるとの安心感を持たせることでもあったのだ。ラヴェンナ遷都は、こうして実現した㊶148〉

四〇四年のホノリウス帝による遷都以来、西ローマ帝国末期の皇帝たちが皇宮を置き、四七六年の滅亡後も、滅亡させた側の北方ゲルマン系の蛮族の王たちが王宮を置きつづけたのがイタリア北東部の町ラヴェンナである。五三九年にはユスティニアヌス帝の命により攻略され、東ローマ帝国の総督府が置かれる。

この間、この小さな街にビザンチン文化が花開き、至宝と言われるモザイク画と建造物が数多く残された。八世紀にはロンゴバルド族の手に落ちるが、間もなくしてローマ教皇領となった。

サン・ヴィターレ聖堂にある、皇后テオドラと女官たちのモザイク画。テオドラは東ローマ帝国皇帝ユスティニアヌスの妃。ユスティニアヌス帝と臣下たちのモザイク画(264 頁)と対になっており、ビザンチン様式の傑作

サン・ヴィターレ聖堂の外観。敷地内にはガッラ・プラチディア霊廟がある。窓に乳白色の薄い石板がはめ込まれた建物で、差し込むかすかな光に浮き上がるモザイクは息を呑む美しさ(右)

ラヴェンナは一日あればほぼ全てを徒歩で見て回れるくらいの小さな街。サンタポリナーレ・イン・クラッセ聖堂だけはバスかタクシーで。サン・ヴィターレ聖堂、ガッラ・プラチディア霊廟、大司教博物館、ネオニアーノ礼拝堂、サンタポリナーレ・イン・ヌオーヴォ聖堂に入れる共通入場券が€9.5。

サンタポリナーレ・イン・クラッセ聖堂外観。街から南へ 5km 下った田園地帯にあり、聖堂後陣ドームのモザイク（前頁）は『キリストと 12 匹の羊』。羊は十二使徒を表す

ローマ時代とは関係ないがダンテの墓がここにある。政争に敗れ故郷フィレンツェを追われたダンテはイタリア各地を放浪。ようやく得た安住の地がラヴェンナだった。『神曲』完成の後、1321 年にこの地で没す

東ゴート族の王テオドリックの霊廟。ドームはイストリア産の一枚岩でできている –

イスタンブール

文明の交差点で「ローマ」を探す
コンスタンティノープル

〈もともとが伝統的なものは何もないとしてもよい地だけに、新たな建設には好都合、とする考えは、神殿だけでなく他の公共建造物にもあてはまったであろう。つまりこの意味でのビザンティウムは実質的にはサラ地であり、コンスタンティヌスはこのビザンティウムに、自分の思うとおりの首都を建設できるからであった㊲18〉

帝国末期、紀元三二四年に帝都と定められたコンスタンティノポリス（英語名コンスタンティノープル）は、それまでビザンティウムと呼ばれる小都市に過ぎなかった。しかし、キリスト教を公認し、帝国を新しく作り直そうとしたコンスタンティヌスにとっては、むしろふさわしい場所だったのだろう。

その後も、ビザンチン帝国（東ローマ帝国）の下で栄え、十五世紀にオスマン帝国に占領されて以後も、イスタンブールと名を変えながら首都としての地位を保った。現代でも、アジアとヨーロッパという二つの世界をつなぐ要衝としての重要さは変わらない。

イスタンブール市街図

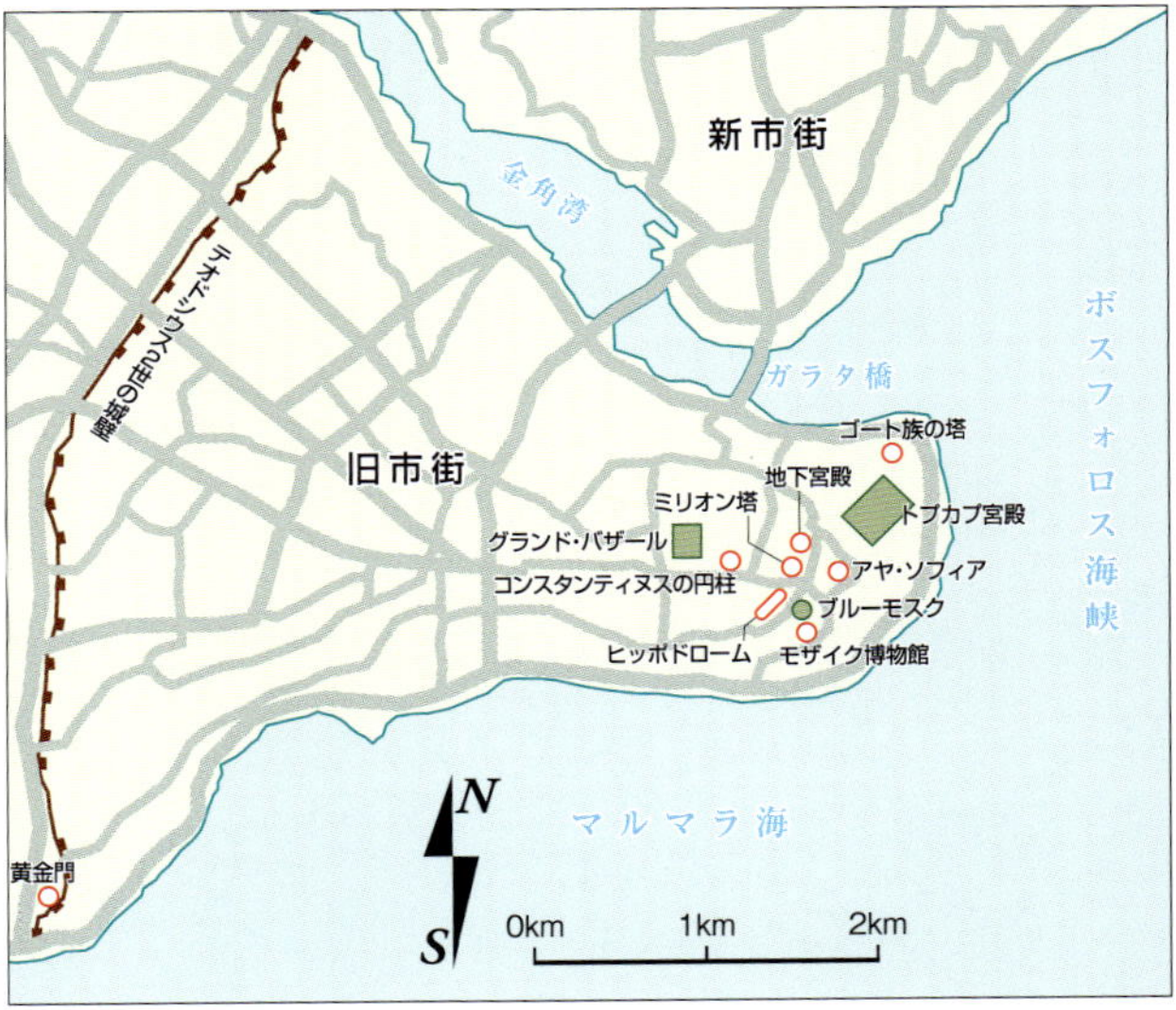

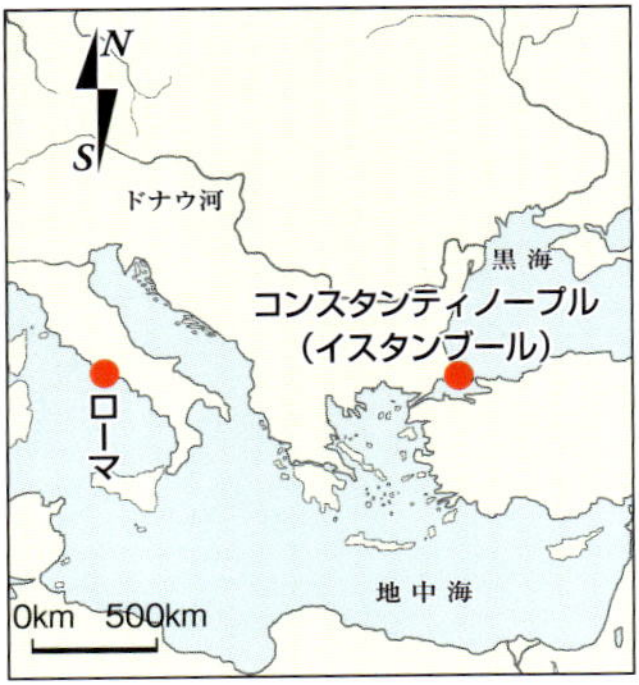

だが、歴史の表舞台に立ち続けたからか、ローマ時代まで遡ることができる遺跡は意外に少ない。バザールやモスクの間を縫うように、ローマの痕跡を探し求めた。

ボスフォロス海峡。手前に見えるのは街を囲んでいた城壁の一部。古代から多くの船がこの海峡を行き来してきた。対岸にはアジアがある

海峡を臨む公園に建つ円柱。３世紀後半、ゴート族襲来を撃退したことを記念したものとされる。イスタンブールに現存する最も古い建造物の一つだが、訪れる人は少ない

ローマ時代の競技場ヒッポドロームの跡。オベリスクが今も残っている。左手奥に見えるのはアヤ・ソフィア。６世紀に現在の姿になった

右頁写真の中央左よりに見えるオベリスクの台座。テオドシウス2世と思しき皇帝による戦車競走の観戦を描いたものとされている

ヒッポドロームの東側に建っていた宮殿の遺跡から発掘されたモザイク。現在は近隣の「モザイク美術館」に置かれている。描かれた動物たちの躍動感が、ローマ時代の雰囲気を今に伝えている

旧市街の西側に延びる「テオドシウスの城壁」。南北およそ6キロにわたり、皇帝テオドシウス2世の時代(5世紀初め)に建設された。高さは10メートルを超える。三重の構造を持ち、1453年、オスマン軍によって陥落するまで、コンスタンティノープルを守り続けた

[左] 皇帝テオドシウス1世の時代に作られた凱旋門。城壁の南端にある。「黄金門」と呼ばれ最初は単独で建っていたが、後に城壁に組み込まれた。西方から帰る場合、皇帝はみなこの門をくぐって首都に入ったという

イスタンブールの名所、通称「地下宮殿」。ヒッポドロームの北側にある入り口から続く階段を下りると、幅65メートル×奥行143メートル、高さ9メートルの巨大空間が広がっている。6世紀、皇帝ユスティニアヌスによって造られた。コンスタンティノープルには水源が少なかったので、貯水池として使われていたという

column

ポンペイ遺跡に見るローマ人の普通の生活①
邸宅《ドムス》での優雅な暮らし

ローマ人の一戸建て住宅は「邸宅《ドムス》」と呼ばれる。現代の住宅とちがって、内側に開いていたのが大きな特徴だ。〈外側は閉ざし内側に開いていた理由の第一は、限られた土地に多くの人を収容する必要から、たとえ一戸建てでも外壁は隣りの家と接しざるをえなかったからである。理由の第二は、安全対策であり、第三はローマの気候だ。そして最後は、街中に住みながらも外部と遮断することで、家の中の静けさを保つためであった⑧32〉。表通りに面した部屋は通常、貸し店舗となっている。中へ進むと小さなプールのある「アトリウム（中庭）」だ。ただし庭ではなく、円柱に支えられた屋根の中央が空いていて外光を取り入れる仕組み。室内への外光は、ここから入る光のみだが、〈陽光が強烈なので、この程度で充分だった⑧34〉。その先に「タブラリウム（応接間）」がある。〈パトロンの語源であるパトローネスの家に、クライアントの語源になるクリエンテスが挨拶に出向くことから㉟105〉始まった「朝の《サルター》御機嫌うかがい《ティオ・マトウティーナ》」に、ぜひとも必要な一角だった。ここまでが一応パブリック・ゾー

富裕層の別荘「秘儀荘」の一室を飾る壁画。紀元前70～50年頃ディオニュソス崇拝への入信の秘儀を描いたとされる

ンに当たる。しかし、応接間には扉がなく、必要な時にカーテンで閉ざすだけだったから、プライベート・ゾーンと完全に分離されていたわけではない。さらに奥へ進むと、もうひとつの中庭「ペリスティリウム」、「エセドラ（祭壇などを置く一角）」、「食堂」がある。また、中庭を取り囲むように並ぶ部屋が寝室や書斎として使われていた。

家具は寝台や小机、椅子程度でほとんど置かれていなかった。〈その代わり、壁と床は飾った。床は、寸法も一定の表面をなめらかにした石を敷きつめるか、模様もあざやかなモザイクづくりである。大理石を敷きつめたり多色のモザイクが使われるのは帝政時代に入ってからで、共和政時代はまだ、モザイクも白と黒ぐらいしかなかった。壁面には、絵が描かれ

［左］ポンペイの邸宅の玄関を飾っていたモザイク
［中］一見ベンチのような食堂の臥台。人々はここに寝そべって、奴隷たちの運んでくるごちそうに舌鼓を打っていた［右］ギリシア詩人の名を冠した「メナンドロスの家」の浴室内脱衣所には、細密なモザイクが

る。それも人物像ではなく、風景画が一般的だった⑧36〉。屋根裏部屋は使用人たちの住まいや物置、あるいは貸間。ポンペイにもほぼこの基本型どおりの家が残っている（次頁上図参照）。〈住み心地から考えれば、夏は涼しく冬は暖かく、外部からは隔絶されて静かなこの式の間取りが、ローマの気候にもローマ人の精神にも適していたからであろう⑧39〉。

しかし、誰もが一戸建てに住めたわけではない。特に人口流入の激しい首都ローマでは、「島《インスラ》」と呼ばれる賃貸し用の四、五階建て集合住宅が並び建ち、中流の下から下層の庶民たちの住処となっていた。

〈また、さして経済力があるとは言えない家でも、ローマの都心から二、三十キロの距離に山荘をもっているのが普通だった。緑に囲

ポンペイで発掘された、ローマ人の一般的な邸宅の間取り図
①玄関②店舗③門番の部屋④階段⑤大広間⑥寝室⑦納戸⑧書斎⑨居間⑩談話室⑪キッチン⑫トイレ⑬食堂⑭列柱廊⑮中庭⑯書庫⑰裏門

まれての田園生活を愉しむというよりも、農業国家の民の伝統や習慣が抜けなかったからではないかと思う⑧39〉。山荘、あるいは別邸は「ヴィラ」と呼ばれ、上流階級の人々はナポリの西、ポッツォーリからミセーノに至る海辺にヴィラを持っていた。この一帯は気候温暖で温泉もわき、景観もすばらしいからだ。

　絶大な権力と絶大な財力を持っていた皇帝たちの暮らしぶりはといえば、私邸を改築もせず、休暇には友人の別荘を訪れることを好んだカエサル、立地は最高級ながら質素な建物で満足したアウグストゥスや「ナポリ湾の真珠」カプリという「住むのに快適な地」を選んだティベリウス、豪華で広大な私邸や別邸を建てたドミティアヌス、自身の美意識を別邸に注ぎ込んだハドリアヌスなど、性格や時代背景によってさまざまだ。

第三部
『ローマ人の物語』を訪ねる〈Ⅵ巻〜Ⅹ巻編〉

共和政から帝政へと歩みを進めるローマは、混乱の時代を経ながらも安定成長期を迎える。「パクス・ロマーナ」はいかにして成り、維持されたのか——。

第Ⅵ巻『パクス・ロマーナ』
第Ⅶ巻『悪名高き皇帝たち』
第Ⅷ巻『危機と克服』
第Ⅸ巻『賢帝の世紀』
第Ⅹ巻『すべての道はローマに通ず』

ローマ人の物語Ⅵ

パクス・ロマーナ

文庫 14・15・16

カエサル暗殺から十五年。その養子オクタヴィアヌスは、ついに政争を勝ち抜き権力を一手にするも、なぜか共和政への復帰を宣言する。元老院は感謝の印として「アウグストゥス」の尊称を彼に贈った――。だがこの宣言は実は、カエサルが目指した「帝政」への第一歩だったのだ。アウグストゥス自身は決してその言葉を口にしなかったが、行政機構の一本化を推し進め、実質的な「帝政」を実現する。広大な版図に「ローマによる平和《パクス・ロマーナ》」をもたらした男の生涯と、帝政成立の内幕を描く。

＊　＊　＊

紀元前三一年九月、アントニウスとクレオパトラの連合軍を「アクティウムの海戦」で破ったオクタヴィアヌスは、前二九年、ローマに凱旋《がいせん》する。三十四歳の彼は、カエサルと同じ絶対権力者の立場となった。

〈オクタヴィアヌスは、手段ではちがっても目的では、完全にカエサルと考えを一にしていた。国家ローマは、領土拡張の時代から領土維持の時代に入ったとする認識である⑭25〉

アウグストゥスのフォールム

オクタヴィアヌスは、軍縮やインフラ整備、元老院の〝リストラ〟などを進めた上で、紀元前二七年一月十三日、共和政体への復帰、すなわち、寡《か》頭《とう》政（少数指導制）の復活を宣言する。

〈「わたしの一身に集中していた権力のすべてを、あなた方の手にもどす。武器と法と、ローマの覇権下にある属州のすべてを、元老院とローマ市民の手に再びもどすことを宣言する」⑭41〉

この宣言に、元老院は狂喜し、オクタヴィアヌスに「アウグストゥス」の尊称を贈ることを決議する。しかし、オクタヴィアヌス側の〈実情は、手離したほうが利益になる特権を放棄したにすぎなかった⑭46〉。

〈研究者の一人は、この時期のアウグストゥスを評して次のように言う。「合法であることに徹するとしたうえでの、アウグストゥスの卓越した手腕」。なぜ卓越した手腕かと言えば、一つ一つは完全に合法でありながら、それらをつなぎ合わせていくと、共和政下では非合法とするしかない、帝政につながっていくからである。紀元前二七年は、当時の多くのローマ人にとっては、共和政への復帰を祝った年であった。だが、この同じ年が、後世から、と言ってもわずか半世紀程度の後世から見れば、帝政が本格的にはじまった年になるのである。こ

アウグストゥス

の年から、オクタヴィアヌスの正式名称は次のように変る。「インペラトール・ユリウス・カエサル・アウグストゥス」(Imperator Julius Caesar Augustus)。これが、共和政体への復帰を宣言した人の名であるのだから皮肉だ⑭60〉

紀元前二三年、四十歳のアウグストゥスは、執政官の地位を辞任し、代わりに護民官特権《トリブニチア・ポテスタス》を得ることによって、国家ローマで唯一拒否権を持つ人間となった。

〈「護民官特権」の取得によって、指導者としての、いや皇帝としての、アウグストゥスの公的地位の確立は完了したのである。その証拠に、彼以降の皇帝たちの公式名称も、アウグストゥスのそれを継承していくことになる⑭120〉

アウグストゥスは「独裁官」として、その後も見事な手際で帝国の「安全保障」を整えていった。通貨の改革、選挙改革、食糧の保障、東方領土の再編成、そして防衛線を脅かすパルティア王国との講和……。

〈よくもこれほども自分とちがう人物をカエサルは後継者に選んだと思うが(中略)十七歳当時のアウグストゥスに、カエサルは、強い責任感と自己制御の意志を認めたからであると思う。だからこそ、アグリッパを抜擢《ばってき》してアウグストゥスにつけることで、アウグストゥスに欠けている面を補足してやろうとしたのではないか⑮147〉

平和の祭壇

「世界の首都」となったローマ

アウグストゥスがローマ帝国の統治をはじめて十余年の時が過ぎた紀元前一三年、平和の象徴たる「平和の祭壇《アラ・パチス》」(281頁参照)が着工、最高神祇官にも選出される。その頃、軍政改革も形を成しつつあった。彼は〈防衛を目的とした戦略を最も効果的に現実化する手段として、ローマ七百年の伝統に反してまで、常備軍の設立を実施したのである⑮80〉。

紀元前一二年、「パクス・ロマーナ」も最終段階に入ろうとしていた年、アウグストゥスは生涯の友アグリッパを失う。彼は主に軍事面、さらに私的な面でも皇帝を支え続けた、最良の協力者だった。

ドゥルースス

アグリッパ

アグリッパの死後は、妻リヴィアの連れ子ティベリウスとドゥルーススの兄弟が、アウグストゥスの「右腕」となる。兄弟はそれぞれドナウ河の防衛線確立、ラインからエルベ河に防衛線を移す任務に専念した。一方、アウグストゥスは首都にとどまり、本国イタリア内の行政組織づくりを行う。イタリア半島は現代イタリアの十八州の基礎となる十一の「州《レジオ》」に分割された。これは〈中央集権が効率よく機能することを目指していると同時に、地方分権の確立も意図していた。バランスを重んじたローマ方式の例で、効率性を追求するがゆえの集権と分権の共存である⑮180〉。同様に首都ローマも十四の「区《レジオ》」に分割して、選挙区としての機能をも持たせた。いまやローマはまさしく「世界の首都《カプトゥ・ムンディ》」であった。

しかし、〈帝国全域が享受したこの時期の「平和《パクス》」は、アウグストゥスによる数多《あまた》の制度の再編成が、それがなされた当初から完璧であったからではない。日々休むことなく彼が、それらが機能しているかどうかを監視しつづけたからである。統治も、街道に似ている。不断のメンテナンスが不可欠と考える認識力と、認識するやただちに修正するのをいとわない柔軟な行動力と、それを可能にする経済力のうちの一つが欠けても、機能しなくなるのである。（中略）アウグストゥスの、責任感と持続する意志には感嘆するしかない。この人は、「投げる」ということだけは絶対にしない人だった⑯20〉。

次々と襲う家族の不幸

紀元前九年、エルベ河とドナウ河をつなぐ防衛線の確立という大任を成し遂げたドゥルーススが不慮の死を遂げる。自らの血を引く孫を帝位に就けるまでの中継ぎと考えていた義理の息子の一人は死んだ。残ったティベリウスは皇帝の娘ユリアの婿となっていたが夫婦仲は悪く、三十六歳にして引退生活に入ってしまう。アウグストゥスは、養子にした二人の幼い孫を後継者候補に据え、皇位世襲制への移行を図る。

紀元二年、アウグストゥスは、ついに「国父《パーテル・パトリアエ》」の称号を得るが、その喜びもつかのま、二人の孫たちが相次いで命を落とす。血縁の後継者候補を失った皇帝は、テ

国家の安定と繁栄の確立を目的として建てられた皇帝廟

ィベリウスを呼び戻し、正式の養子に迎えた。ティベリウスは紀元一三年、「最高司令権」を与えられ、名実ともに共同統治者となる。そしてその頃まさに、〈「パクス・ロマーナ」（ローマによる平和）を目標にかかげた、アウグストゥスによる共和政から帝政への移行は、言い換えれば、高度成長期から安定成長期への移行は、確かな現実になりつつあったのである⑯112〉。

紀元一四年、自らの「業績録《レス・ジェスタエ》」を書き終えたアウグストゥスは、七十七歳を目前に、おだやかな死をむかえた。ただし、彼の遺言状の「思い切り」の悪さが、後々、後継者ティベリウスを苦しめることになるのだが……。

column

元祖・少子対策「ユリウス姦通罪・婚外交渉罪法」

紀元前一世紀末のローマでは、少子傾向が顕著になっていた。前二世紀までは十人もの子をもうけるのも珍しくなかったのに、次第にその数は減り、独身で通す人さえ増えたのである。現代と同じく人生の選択肢が増えたためだ。この傾向は、とりわけ裕福な階層に顕著だった。そこで紀元前一八年、アウグストゥスは思いきった「倫理《クーラ》・対策《モールム》」に踏みきる。

「ユリウス姦通罪・婚外交渉罪法《レックス・ユリア・アドゥルテリス・エ・ディ・プディチティア》」と「ユリウス正式婚姻法《レックス・ユリア・デ・マリタンディス・オルディニブス》」という二つの法案を成立させたのだ。前者の法によって、姦通も、正式な婚姻外の性的関係（女奴隷や娼婦は除く）も公的な犯罪となった。後者は元老院階級と騎士階級のみを対象とし、〈正式な婚姻生活を奨励するのが目的⑮20〉だった。これにより、独身者や子を持たない者は、社会面や税制面で圧倒的に不利となった。中でも、子を持たず資産のある独身女性は、結婚し第三子をもうけるまで直接税を納めなければならない。また、子のない男性も、遺産相続する権利、させる権利を持つことができない。キャリ

アウグストゥス

リヴィア

アの面でも、要職に就くには、子を多く持っている者ほど有利だった。離婚も容易には成立しないようになった。〈健全な「国家」（レス・プブリカ）は健全な「家族」（ファミリア）の保護と育成なしには成り立たない ⑮25〉というのが皇帝の考え方であったのだ。

　アウグストゥス自身はといえば、過去に離婚経験もあり、人妻だったリヴィアとは略奪再婚だ。アントニウスからの手紙で派手な女性関係をひやかされてもいる。さらに、妻リヴィアからはついに子を得ることはできなかった。アウグストゥスは、自らの血を引く後継者を産ませるため、前妻との娘ユリアを次々に政略結婚させるも、三度目の夫ティベリウスにまで別居されたユリアは、いつしか奔放な男関係をもつようになってしまった。その行状は、アウグストゥス自らが成立させた「ユリウス二法」にふれることになる。皇帝は、定められた罰をすべて自らの娘にも厳格に実施した。父としてのアウグストゥスの心中はいかばかりだったか。〈これも考えてみれば、アウグストゥスの〝身から出た錆《さび》〟でもあった⑯20〉。しかも六年後には孫娘ユリアを、その母ユリアと同じ罪状で流刑に処すことになる。〈生涯を通して血の継続に執着し、それゆえに肉親を大切にしてきた人が、誰よりも当の肉親たちから裏切られたのだから皮肉だった⑯76〉。アウグストゥスは、いささか「血の継続」にこだわりすぎたきらいがある。〈もはや（中略）「妄執《もうしゅう》」にさえ映る。妄執は、悲劇しか生まないのだ。（中略）あくまでも運命を自分の思いどおりにしようとする態度は謙虚を忘れさせ、それゆえに神々から復讐《ふくしゅう》されるからであった⑯76〉。

「ユリウス二法」の効果か、紀元一四年に行われた国税調査において青年男子の数は四十二年前と比べて八十七万四千人も増加していた。この二法は、修正を加えられながら、帝国運営上の基本的政策として〈キリスト教の勝利によって、独身の価値が最高に高められるまでつづくのである⑮30〉。

この法律、現代に適用したら果たしてどうなる？

皇帝は言葉でローマを支配する（一）

「わたしのティベリウスよ、若いおまえでは無理もないと思うが、わたしのことを悪く言う人がいても憤慨してはいけない。満足しようではないか、彼らがわれわれに剣を向けないというだけで」⑭149

初代皇帝アウグストゥスが妻の連れ子ティベリウスへの手紙の中でこう綴った。〈自己制御の能力でも、抜群の男であったとするしかない〉⑭149

「あなた方は羊を、殺して肉を食すよりも毛を刈りとる対象として考えるべきである」⑰94

属州民への増税案に関する皇帝ティベリウスの発言。〈当の羊の身になればどうだろう。殺されて食べられてしまうよりも、年に一度毛を刈りとられるほうがよいと思いはしないか〉⑰94

ローマ人の物語Ⅶ

悪名高き皇帝たち

文庫 17・18・19・20

初代皇帝アウグストゥスに続く四皇帝は、庶民からは痛罵《つうば》を浴び、タキトゥスをはじめとする同時代の史家からも手厳しく批判された。「恐るべき」と形容されたティベリウス。愚政の限りを尽くし惨殺されたカリグラ。悪妻に翻弄されたクラウディウス。そして「国家の敵」として断罪されたネロ。しかし彼らの治世下でも「帝政」が揺らぐことはなかった。

「ローマによる平和《パクス・ロマーナ》」は、なぜ「悪」と断罪された四皇帝の治世下でも維持され続けたのか？

＊　＊　＊

アウグストゥスは遺言でティベリウスを後継者に指名したものの、一方で〈ローマ帝国の最高統治者には、〝創業者〟である自分の血を引く者が就くとした意志を、言外ではあっても明確に⑰27〉示していた。養子ではあったもののアウグストゥスとの血縁がなかったティベリウスの治世は、屈辱のうちにはじまったのだ。

〈しかし、皇帝になったはじめから、ティベリウスは人間を嫌ったのではなかった。

ティベリウス（左）が隠遁したカプリ島「ヴィラ・ヨヴィス」の遺跡

彼は本心から、調和したいと努めたのである。いや、努めすぎたのだった⑰23〉

ティベリウスは、皇帝と元老院との不明瞭な関係を調整しつつ、緊縮財政政策で財政の立て直しを図った。そして紀元一七年にはゲルマニア戦役に終止符を打ち、不評を買いながらも北の防衛線を再びライン河に戻す。

紀元一九年、アウグストゥスの血を引く武将ゲルマニクスが急死。その未亡人である大アグリッピーナはティベリウスの謀略と考え、反皇帝の一派を結成する。

紀元二三年には、ティベリウスは息子ドゥルーススを亡くすという不幸に遭う。が、帝国統治そのものは順調だった。

〈国境は、手直し成った各軍団によって完璧に守られていた。（中略）また、「平和《パクス》」と

大アグリッピーナ

は、国境の安全のみを意味しない。（中略）この面でもティベリウスの地方自治体にまでおよんだ施策は、公衆の安全を第一とすることで一貫していた。（中略）新税は、いっさい課されなかった。従来の税金も、税率はまったく引きあげられていない〈⑰215〉

だが、紀元二七年、六十八歳の皇帝はカプリ島に隠遁《いんとん》してしまう。首都を離れて統治を続けるティベリウスに、市民も元老院も不満を募らせた。皇帝の手足として活躍した近衛軍団長官セイアヌスによってアグリッピーナは流罪となるが、その後、野心を持ったセイアヌス自身も処刑される。ティベリウスは、亡きドゥルーススの死に、その妻とセイアヌスが関与していたと知って、関係者を血祭りにあげる。タキトゥス以下の史家はこの時期を「暴君による恐怖時代」と呼んだ。

こうして「恐ろしきティベリウス」の異名をとることになった皇帝は紀元三七年、七十七歳で世を去る。〈ティベリウスの欠点は、上等下等の別なく、偽善的な行為そのものができない性格にあった。ギリシア語の偽善という言葉は、舞台に立った俳優

カリグラ（左）がアウグストゥスを真似てエジプトから運ばせたオベリスク

の演技からはじまっている。つまり偽善とは、演ずることなのである。平俗にいえば、フリをすることだ。（中略）そしてこの彼の性格の最も劇的なあらわれが、カプリ隠遁であったのだ〈⑱20〉。

「小っちゃな軍靴《カリグラ》」と歴史家皇帝

二十四歳で新皇帝となったゲルマニクスの息子「カリグラ」（「小っちゃな軍靴」の意）は、元老院からも市民からも大歓迎された。若く美しくアウグストゥスの血を引いていた（曾孫にあたる）ためだ。彼は、ティベリウスから安全の保証された帝国と、健全な国家財政を受け継いだ。

〈すべてを所有する人にとっての最大の恐怖

は、現に所有しているものを失うことである。人々の捧げる愛情を拒絶したティベリウスとちがってカリグラは、それを失わないために全力を集中するようになる⑱121〉

　即位から半年余り後、カリグラは次の皇位継承者ゲメルスを殺害する。さらに、奇抜な服装で人前に現れたり、剣闘士試合や戦車競走のスポンサーとなって市民の人気取り政策に努めた。こうした浪費のおかげで、即位後三年も過ぎないうちに、ローマ帝国の財政は破綻してしまう。

〈彼にとっての不幸は、いや帝国全体にとっての不幸は、政治《ポリティカ》とは何かがまったくわかっていない若者が、政治《ポリティカ》をせざるをえない立場に就いてしまったことにある⑱202〉

　紀元四一年、カリグラと妻子は親代わりとも言えた近衛軍団大隊長ケレアによって殺害された……。

　四代目皇帝となったのは、ティベリウスの甥《おい》であり、ゲルマニクスの弟であり、カリグラの叔父にあたるクラウディウスだった。それまでは皇位継承の候補者と見なされず、歴史の研究だけに専念してきた男だった。

　五十歳の新皇帝は、着々と責務を果たす。しかし、〈カエサルもアウグストゥスもティベリウスも、他者の協力なしで統治を行ったのではない。どのような形にせよ、協力する者は常にいた。ただし、これら前任者たちには、手足として働いてくれる部

ネロ

クラウディウス

下に、彼らに対しての無言のブレーキでもある畏《い》敬《けい》の念を起させる才能があった。（中略）クラウディウスの性格には、部下たちに畏敬の念を起させるところがなかった。言い換えれば、軽く見られがちであった⑲87〉。そのため、秘書官に起用した元奴隷たちや妻メッサリーナが好き勝手な振る舞いをするようになり、人々の皇帝を見る目は変わっていった。メッサリーナが重婚で死罪になると、野望に満ちたカリグラの妹・小アグリッピーナは皇帝と再婚し、実子ネロをその養子とする。

紀元五四年、誠心誠意、任を果してきた六十三歳のクラウディウス帝は、忠実な秘書官がローマを離れた隙に、新妻に毒殺され、その数奇な生涯を閉じた。

タレント皇帝ネロ

十六歳の新皇帝ネロは元老院からも市民からも歓迎された。哲学者セネカが補佐官となり、まずは元老院の好感を得る政策を打ち出していく。しかし、何かと口出しする母アグリッピーナに対しては反抗心を強め、紀元五九年、一度は失敗したものの、ついに母殺しに成功する。

その後、ブリタニアの反乱を適切に収め、東方のアルメニアとパルティア問題にも果断な対応をしたネロは、市民たちから皇帝の資格充分と認められていた。が、紀元六二年、セネカが引退すると、ネロに直言できる人がいなくなる。ネロは妻と離婚して愛人と再婚、さらに前妻を流刑に処したうえ殺害した。

さらには、「ローマの大火」、「ドムス・アウレア」(黄金宮殿)建設計画といった一連の出来事によって、ネロの悪評は高まることになる。

紀元六五年、六六年と、相次いでネロ暗殺の陰謀が発覚するが、いずれも未遂に終わる。

この後、もともとギリシア文化に傾倒していたネロは、歌手としての力試しをするためにギリシアへ旅立った。一年半後、ようやく帰国したネロに対し、まずガリア人

ドムス・アウレアの八角形の大広間

が反乱を起こすが、鎮圧される。続いて属州総督ガルバを中心にイベリア半島が「反ネロ」に起《た》つ。ローマ市民権所有者である近衛軍団もガルバ支持にまわった。

〈その彼に追い討ちをかけたのが、元老院による、ネロを「国家の敵」と断じた宣告の可決だった。（中略）元老院から「国家の敵」とされることは、不信任されたと同じことになる。（中略）ネロは、元老院と市民から背かれたことで、帝国統治の正当性を失ったのである⑳213〉

最後は自死するネロの辞世の言葉は「これで一人の芸術家が死ぬ」だったというが真偽は定かではない。こうしてアウグストゥスがはじめた「ユリウス・クラウディウス朝」は崩壊し、ローマは内乱の時代に突入する。

column

皇帝ネロの悪名を高めた ローマの大火

ローマ史上最も有名な人物は誰か？　当然カエサル、と思いきや、意外にもネロであるらしい。その理由は、紀元六四年に彼が行ったキリスト教徒迫害。以降、二千年後の現在に至るまで、「反キリスト」の代表といえば皇帝ネロとされている。その迫害のきっかけになった事件こそ、紀元六四年七月の「ローマの大火」である。

〈紀元六四年の七月（中略）猛火は上流階級も下層の貧民も区別なく襲ったのだった⑳148〉〈「世界の首都」は九日もの間、火に翻弄《ほんろう》されることになった⑳150〉。十四の行政区中で全焼三区、半焼は七区。避暑に出かけていたネロはすぐ首都に戻り〈被災者対策の陣頭指揮をとったのである⑳151〉。公共建造物をすべて避難所として開放し、食の供給も忘れなかった。さらに〈火事に強いと同時に、より快適でより美しいローマの建設⑳155〉を目指して街の再建に臨む。〈皇帝ネロによる、建設と財源確保両面によるローマの再建策は、市民には評判が良かった。被災者たちも被災していない人々もともに力を合わせてのローマの再建は、市民全体を巻きこんで急速に進んだ。

大火の火元となった大競技場（チルコ・マッシモ）

ローマは、以前よりは格段に整然とし、美しい街並に変った〈⑳159〉。

ところが、ちょうどその頃、彼は都心の広大な一帯に、市民も出入り自由な人工湖や自然公園を併設した「ドムス・アウレア」（黄金宮殿）の建設を計画していた。この建設工事を早々と再開してしまったため、市民の反感と誤解を招くことになる。土地の買収目的でネロが放火させたのだ、という噂が広まったのである。

あわてたネロは、キリスト教徒に放火の罪をかぶせることにした。当時は絶対多数だった多神教徒にとって、キリスト教徒は唯一神を信ぜよと説くお節介で傲慢《ごうまん》な人々であるばかりか、キリストの血と肉を象徴する葡萄酒とパンを食する、すなわち人間

ドムス・アウレア

を犠牲に捧げる野蛮人と映っていた。このような理由で忌み嫌われていたキリスト教徒は、放火犯に仕立てあげるには格好の存在だったのだ。二百～三百人のキリスト教徒が凄惨《せいさん》な公開処刑によって命を落とした。しかし、あまりの残酷さに、市民たちはキリスト教徒に同情し、自分への疑いを晴らそうとしたネロの目論見は失敗に終わる。

ネロ以外にも、キリスト教徒を迫害した皇帝は多い。キリスト教徒にとって最大の受難期は、紀元三〇三年から、ディオクレティアヌス帝が断固たる決意で弾圧を行った十年だろう。となると、〈ネロ一人がキリスト教の敵とされるのは、公平を欠いている気がしないでもない。だが、ネロによる迫害の理由には、放火犯とその共犯者ということの他に、「人類全体への憎悪の罪」というものもあった。当時のローマ人の言う「人類全体」とは、「ローマ帝国」の意味である。ネロはやはり、その後につづいたキリスト教徒迫害の先鞭《せんべん》はつけたのだ⑳175〉。しかし、あの大火がもしなければ、ネロが「悪名高き皇帝」として記憶されることはなかったかもしれない。

皇帝は言葉でローマを支配する（二）

「責任を果していない者が報酬をもらいつづけることほど、国家にとって残酷で無駄な行為はない」㉖159

五賢帝の一人であるアントニヌス・ピウスの言葉。〈通常の行政さえ行っていれば諸般無事という感じのアントニヌスの治世ではあったが、（中略）アントニヌスは、国庫が黒字であるにかかわらず〝リストラ〟を忘れない人だった〉㉖159

「感情を抑制するのに、賢者の哲学も皇帝の権力も何の役にも立たないときがある。そのようなときには、男であることを思い起こして耐えるしかない」㉖162

家庭教師の一人を失い泣いていた、若きマルクス・アウレリウスに、父アントニヌス・ピウスはこう励ました。

ローマ人の物語VIII
危機と克服

文庫 21・22・23

失政を重ね、帝国に混乱をもたらしたネロが自死した翌年、ローマには三人の皇帝が次々と現れるが、いずれも統治力のなさを露呈して消えていった。その後、帝国内は軍団同士が争う内戦状態に突入。辺境では異民族の反乱が続発し、帝政始まって以来の危機的状況に陥った。帝政移行からおよそ一世紀、ローマは制度疲労を来たしていたのだ。そこに現れたのは、出自にも才能にも恵まれなかった男、ヴェスパシアヌスだった……。

＊　＊　＊

紀元六八年六月、スペイン駐屯の軍団によって皇帝に推挙されたガルバだが、市民へのボーナス配布を怠ったり、次席の人選を誤るなどして信望を失っていく。

翌年一月、帝国の最前線を担う「ゲルマニア（ライン）軍団」が司令官ヴィテリウスを擁立して反旗を翻したことがきっかけとなって、西方の属州総督オトーがクーデターを起こすと、ガルバは登位後約七ヵ月にしてあっけなく暗殺された。

ところが、オトーが登位したことを知る前に、「ゲルマニア軍団」は既に南下を

消極的な性格で、兵士たちをコントロールできなかったヴィテリウス

ネロの友人だったが、彼に妻を略奪されて属州総督となっていたオトー

自らの、統治者としての「正当性」を過信しすぎて破滅したガルバ

はじめていた。オトーは、ドナウ河防衛を担当する「ドナウ軍団」の支持を得て迎え撃つも敗退。結局、自らの胸を剣で刺し、潔い最期を遂げる。わずか三ヵ月の皇帝、三十七歳の死であった。

　次に登位したヴィテリウスに、旧オトー派の「ドナウ軍団」は不満をつのらせた。彼らは、シリア総督ムキアヌスに皇帝推挙の打診をするが、彼はユダヤ方面の司令官ヴェスパシアヌスを推し、エジプト長官アレクサンドロスと諮《はか》って周到な準備を始める。

〈ムキアヌスは、紀元六九年時の内乱を終結させ帝国を再建するには、健全な常識人こそ適任と考えたのではないだろうか。ネロの死からはじまった内乱状態の解決は、新しいシステムを創造することによって成されるのではなく、既成のシステムの機能を再復することによって成されねばならなかった

㉑133〉

ところが、ムキアヌス率いる軍の到着を待つことなく、「ドナウ軍団」は決起する。紀元六九年、ヴィテリウス派の「ライン軍団」対「ドナウ軍団」の間での戦闘の結果、「ドナウ軍団」が勝利をおさめ、敗戦の報を受けたヴィテリウスは退位の意思を表明するも捕らえられ、フォロ・ロマーノで処刑される。在位八ヵ月、五十四歳の死であった。

〈こうしてローマは、わずか一年のうちに三人の皇帝の死を経験したのである。だが、これでようやく、歴史上「三皇帝時代」と呼ばれ、タキトゥスによれば「すんでのことで帝国の最後の一年になるところだった」紀元六九年も、終ろうとしていたのだった㉑201〉

「健全な常識人」ヴェスパシアヌスと誠実なティトゥス

紀元七〇年、内乱という傷を背負ったローマ帝国の再建を課されたヴェスパシアヌスだが、カエサルやアウグストゥスの時代とちがい、この時期の〈ローマ帝政の危機とは、皇帝統治システムの危機ではなく、皇帝になった各人のその職務に対する適格度によって生ずる危機であったのだ。（中略）責任感が確固としていれば、充分に遂

ヴェスパスアヌスの治世に建設が始まったコロッセウム

行可能な課題であったのである。そして、この種の課題を解決していくには、健全な常識があればよかった。独創的でもなく抜群の能力の持主でもなかったヴェスパシアヌスを一言で評すれば、「健全な常識人」につきる。（中略）ローマはまたも、時代の要請に応《こた》えるに適した指導者をもったことになる㉒160〉。

ヴェスパシアヌスの生まれは低く、庶民的な容貌で、田舎者丸出しではあったが、えも言われぬユーモアのセンスの持ち主だった。だが「皇帝法」を明文化したことにより、元老院が政権担当者を代える可能性を失った。つまり、帝政の専制化に大きく一歩を踏み出したわけだが、彼の治世は穏当な統治で終始していた。財政の再建にも熱心に取り組み、歳入を増加して、「平和のフォールム」やコ

ヴェスパシアヌス

ロッセウムの建設を行なった。

紀元七九年、七十歳で病没。共同統治者として実績を積んできた長男ティトゥスが皇位を継承する。〈三十九歳で皇位に就いたティトゥスくらい、良き皇帝であろうと努めた人もいなかったのではないかと思う。（中略）国民が望まないとなれば、生涯の恋すらもあきらめる人であった㉓16〉

ところが、彼の治世はたび重なる災害に見舞われる。皇帝就任のわずか二ヵ月後、ヴェスヴィオ火山の噴火によってポンペイが全滅。翌紀元八〇年、首都ローマに大火災。紀元八一年、イタリア全域に疫病発生。ティトゥスは、私財をなげうってまで、災害対策の陣頭指揮を取った。しかし、その年、病に倒れ、四十一歳を目前にして死ぬ。市民も元老院も彼の死を嘆き悲しんだが、〈皮肉好きのローマ人だけに、賞《ほ》め讃《たた》えるだけでは気が済まないのである。同時代人の一人は、次の一句を遺している。「治世が短ければ、誰だって善き皇帝でいられる」㉓54〉。

ティトゥスの死の翌日、皇位に就いたのはヴェスパシアヌスの次男ドミティアヌスであった。〈三十歳の新皇帝は、統治に必要な実務経験もなしに皇位に就いてしまった㉓63〉ばかりか、軍事上の経験もまったくなかった。常に貴族的なスタイルを通し、すらりと美しい若者だった彼は、兄とは対照的であり、それが統治にも表われた。

〈ドミティアヌスの考える皇帝像には、「インペラトール」を名乗るに恥じない、帝国の安全保障の最高責任者であることが不可欠だった。それは彼にしてみれば、襲って来られたから撃退する、ではなく、事前に防御体制を完璧にしておくことによって、蛮族の侵入を抑止することであったのだ㉓75〉

紀元八三年、彼は百十年ぶりに兵士の給料を値上げした上で、「ゲルマニア防壁」の建設に着手する。

ティトゥス

イェルサレム落城を記念したティトゥスの凱旋門

しかし、「告発者《デラトール》」を活用して元老院内の反皇帝派を排除したことなどから反感を持たれるようになった。紀元九六年、皇后つきの解放奴隷が睡眠中の皇帝を暗殺する。

〈ドミティアヌスの死を告げられた元老院は、拾い物でもした想いであったろう。ただちに会議が召集され、その場で対策のすべてが決まった。（中略）誰の意向によるのかは不明だが、指名されたネルヴァには即座に、皇帝に与えられるすべての権限が認められた。（中略）元老院は早々に、ネルヴァを皇帝として承認したのである。しかもそのうえ、亡き皇帝ドミティアヌスを、「記録抹殺刑《ダムナーティオ・メモリアエ》」に処すとの決議まででした。近衛軍団や辺境軍団の動きを封ずるのが、この処罰を決めた真の理由であったにちがいない。現職皇帝暗殺の首謀者が誰かは、問われることすらなかった㉓182〉

ヴェスパシアヌスからドミティアヌスまでの「フラヴィウス朝」は、ここに幕を閉じた。

“ショート・リリーフ”ネルヴァ

〈ネルヴァからはじまる五人の皇帝を、後代は五賢帝と呼ぶようになる。それゆえに、ネルヴァが登位した紀元九六年からマルクス・アウレリウス帝が死ぬ紀元一八〇年までを、ローマの歴史では、「五賢帝時代」と名づけている㉓186〉
「高貴な生れ」であり、ドミティアヌス治世下では中立的な立場であったネルヴァの登位は「消極的」に支持された。七十歳と高齢で健康もすぐれなかったことから、〈多くの人がネルヴァの登位を、〝ショート・リリーフ〟と感じたにちがいない㉓188〉。
ネルヴァは、元老院は皇帝の治外法権とする法や「告発者」の力をそぐ法を成立したほかは、ドミティアヌスの政策を継承した。バランス感覚に富み、幸運にも恵まれていた彼は、近衛軍団の不穏な動きを読み取るや、早々に後継者を指名する。イベリア半島南部の属州出身者で高地ゲルマニア担当司令官トライアヌスである。〈トライアヌスを後継者に指名しただけでなく、共同統治者にも指名したのである。ローマはやはり、皇帝は倒しても皇帝が統治する帝政でこれ以後も進むことをはっきりさせたのであった㉓192〉。
紀元九八年、ネルヴァ死去。だが、トライアヌスが首都ローマに帰還するのは、一年以上後のことになる。

column

皇帝と市民の交流の場 コロッセウム

都市ローマを象徴する建物といえば、なんといってもコロッセウムだろう。ヴェスパシアヌス帝が建てさせたこの競技場の正式名は「フラヴィウス円形劇場」。従来の、半円の劇場形式はギリシア人の創案になるもので、円形（正確には楕円形）の野外劇場は、〈まったくのローマ人の創案である㉒199〉。

〈当時の市民の考えでは、都市とは、緑を愉しむ場ではなく人々が集まる場所㉒200〉だった。そして、彼らは〈何か一つのことにともに参加㉒201〉することを求めていたのである。コロッセウムは、そういう意味でも人々の要望にぴったりハマっていたといえよう。すでに都心部には大競技場《チルコ・マッシモ》があったが、あまりに広大過ぎた。その点、五万人収容程度のコロッセウムならば、人々の参加意識もより強くなる。〈コロッセウムは、皇帝と庶民が顔をつき合わせるには、格好の広さであったのだ。五万人といっても、百万都市ローマでは、広すぎもしないが狭すぎもしない。そして、最高権力者である皇帝にとって、コロッセウムの建設は、娯楽の場を提供する目的とともに、

コロッセウム復元模型

自分の統治への賛意ないし批判を受ける場所の提供でもあったのだ。市民のほうも、それを正確に理解した㉒202〉。コロッセウムは「健全な常識人」ヴェスパシアヌスならではの発想の賜物だったといえようか。

さらに〈コロッセウムは、美的にも技術的にも最高の傑作である。あの大きさにして、重苦しさも単調さも感じさせない。ローマ人の好んだアーチの両側を円柱で締め、アーチ形の空間部には立像を置くという形の連続で成っているのだが、地上部に使われた柱は重厚なドーリア式、二階部の柱はすっきりしたイオニア式、三階部の柱は繊細なコリント式と、階ごとに柱のスタイルを変えることによって、重苦しく単調になるのから救っている。（中略）機能の

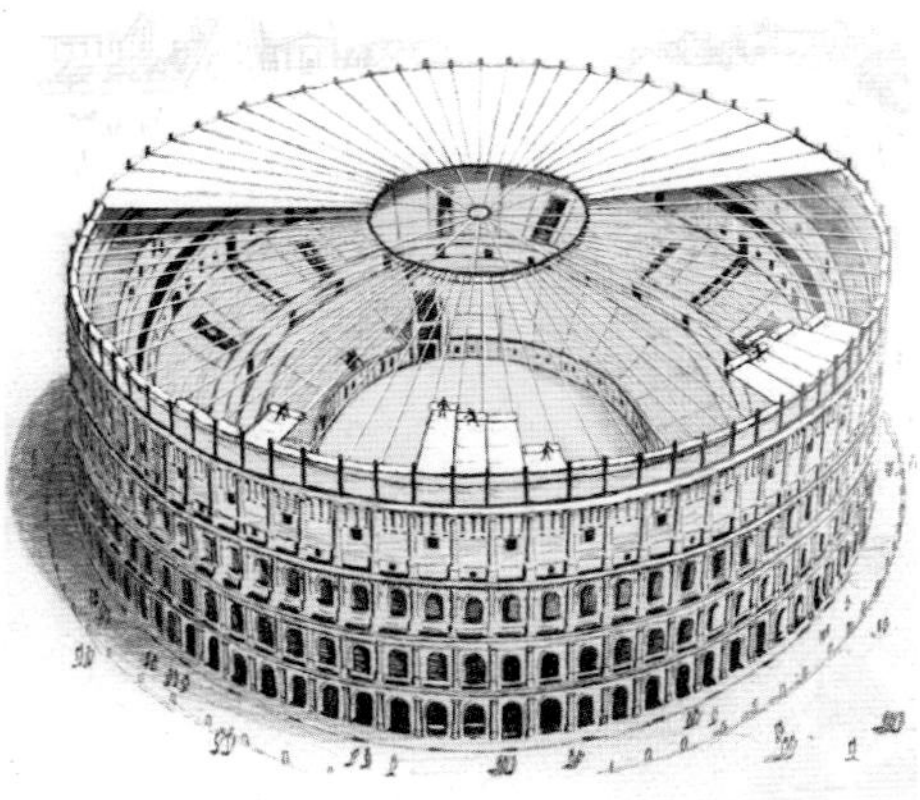

想像復元図。サッカースタジアムに似ている

面でも、開けられた出入口の巧妙な配置によって、事故でも起これば十五分で観客全員を外に出すことができたという。闘技に使う猛獣も、地下につくられたエレベーターを活用することで、担当者が危険にさらされる怖れもなく地上に導ける設備が整っていた。そのうえ、観客をローマの強い陽差しから守るために、観客席の上部を帆に使う布で広くおおうやり方も行われていたのである㉒203〉。残念ながら、現在目にすることができるのは、〈ローマ帝国時代のそれの三分の一でしかない㉒205〉。キリスト教が支配する時代に入ると、ローマの公共建造物からは、取りはずせるものはすべて持ち去られてしまったからだ。〈すべてが奪い取られた後に残った「骨格」が、今日のコロッセウムとしても誤りではない。（中略）ゲーテの言ではないが、イタリアを旅するには肉体の眼だけでは不充分で心の眼も必要である、という一例である㉒205〉。

ローマ市民の心意気

「公正を期してつくられるのが法律だが、そのあまりにも厳格な施行は不公正につながる」⑮32

ローマで語り継がれる格言の一つ。〈自由と秩序は、互いに矛盾する概念である。自由を尊重しすぎると秩序が破壊され、秩序を守ることに専念しすぎると、自由が失われる。だが、この二つは両立していないと困るのだ〉⑮32

「これを読む人に告ぐ。健康で人を愛して生きよ、あなたがここに入るまでのすべての日々を」⑮192

街道沿いに造られたある墓碑の碑文。〈墓碑に刻まれた文章も多種多様であったので、旅人には格好の憩いの時と場を提供したことだろう。墓碑に刻まれた文の中にも愉快なものが少なくなく、ローマ人の健全な死生観をあらわして余りある〉⑮191

ローマ人の物語IX

賢帝の世紀

文庫 24・25・26

紀元二世紀初頭、ローマは平和と繁栄を謳歌《おうか》し、同時代人でさえ「黄金の世紀」と呼ぶ時代を迎えることとなった。

初の属州出身皇帝となったトライアヌスの治世中に帝国の版図は最大となる。次いでハドリアヌスは帝国をくまなく視察し、統治システムの再構築に成功する。そしてアントニヌス・ピウスは高い統治能力を発揮した。

世にいう五賢帝の中でも、ローマの全盛期を担った三人の業績を追いながら、なぜ彼らの時代が「まれなる幸福な時代」たりえたのか、その真相に迫る。

＊　＊　＊

トライアヌスはスペイン南部のイタリカという町に生まれた。高地ゲルマニア軍司令官兼総督だった彼は、低地ゲルマニア（ライン河中〜下流部）の防衛システム完備を優先し、前帝ネルヴァの死後一年半余り経ってからようやく、首都ローマへ帰還する。

市内ならばどこへでも徒歩で赴き、元老院会議には必ず出席し、忍耐強く人の話に耳を傾け、誠実に相手を説得する。前帝ネルヴァ同様、属州の善政復活にも努めた。

紀元一〇一年春、トライアヌスはドナウ下流に住むダキア民族との戦争を再開する。これ以上の覇権拡大を禁じるとした初代皇帝アウグストゥスの遺言に初めて反する、ローマ史上特筆すべき事件である。一年数ヵ月後にローマは勝利し、両国間には講和が結ばれた。

その後二年間、トライアヌスは内政に専念していたが、ドナウ河にローマ領とダキア領を結ぶ石造の橋を渡したことが引き金となり、紀元一〇五年春、ダキアが再び攻撃をしかけてきた。この第二次ダキア戦役もやはりローマの勝利で幕を閉じる。ダキアを属州としたローマ帝国の領土は史上最大となった。

トライアヌス

〈皇帝就任当時は初の属州出身の皇帝であることを意識してか、すべてに謙虚に地味に振舞っていたトライアヌスだったが、ダキア戦役に勝利して以後はそれを捨てた。（中略、凱旋式で）緑の月桂冠を頭上にした、長身で堂々とした体躯《たいく》のトライアヌスは、ローマ人の眼には、帝国の運命を託すに最適な人に見えたことだろう㉔168〉

トライアヌス円柱

トライアヌスは帝国全域で集中的に公共工事を行ったことでも知られる。「トライアヌス浴場」や「トライアヌスのフォールム」などがあげられるが、〈彼が行った公共工事のすべては実用に役立つもので占められている㉔201〉。また、〈彼主導の工事の多くは首都ローマと本国イタリアに集中しているが、それも属州との格差をつけるためではない。他のすべてのトライアヌスの政策同様に、首都ローマは帝国のすべての都市のモデルであり、本国イタリアはすべての属州のモデルであるべきという、彼の信念の結晶であった㉔183〉。

紀元一一三年、皇帝はパルティアに遠征する。

〈トライアヌスがなぜパルティア戦役を決行したのかは（中略）想像するしかないのだが、彼がもしもアレクサンダー大王を意識していたとすれば（中略）東西の人と物の交流の促進に魅力を感じたからではなかったか。（中略）もしもこのことの現実化に成功すれば、そのときこそトライアヌスは、名実ともに「至高の皇帝」になったで

市民のための商店があったトライアヌスの市場

あろう。しかし、結論を先に言ってしまえば、それは夢で終るしかなかったのである㉔283〉

戦いの四年が過ぎ、病に倒れたトライアヌスは、戦役を完了することなく、小アジアで没する。

「天才的オーガナイザー」皇帝ハドリアヌス

ハドリアヌスは先帝と同じスペインのイタリカ出身である。元老院階級の家系に生まれ、父親の死後はトライアヌスが後見人を務めていた。だが、皇帝はぎりぎりまでハドリアヌスを後継者として指名していない。

〈トライアヌスはハドリアヌスの中に、自分

ハドリアヌス(右)が当時最高の技術を駆使して建てさせたパンテオン

ではは理解できない何かを感じ取っていたのではないかと思う。それは、肌合のちがい、と呼んでよいようなものであったかもしれない。嫌う理由にはならないが不安を感ずる理由にはなる、というような㉕41〉

とすると、〈ほんとうにトライアヌスは、ハドリアヌスを後継者に指名した後で死んだのか。（中略）当時から多くの人が疑いをもったのはこの点だった。（中略）しかし、当時のローマ人は、後世の研究者よりもこの謎の解明に執着しなかった。冷徹に見れば、帝位を継ぐのにハドリアヌス以上の適材は、当時の指導者層の中にいなかったからである㉕36〉。

ハドリアヌスの「皇帝としての日々」は属州や帝国周辺の反乱や不穏な動き、そしてパ

「ハドリアヌスの別邸」ヴィラ・アドリアーナ（72～82頁参照）

ルティア戦役の決着のつけ方など問題が山積するなかではじまる。彼は、帝国の安全を守るため、戦役の収束を図り、反ハドリアヌスの陰謀を企てた先帝の重臣四人を粛清する。その後は「寛容」「融和」「公正」「平和」をモットーに統治を行った。彼は非常に複雑な性格の持ち主だったが、後世の回想録に書かれたように〈「一貫していないということでは一貫していた」のではなくて、自らに忠実に振舞うことでは、ハドリアヌスは「一貫していた」のである㉖62〉。

「天才的なオーガナイザー」とも評された彼は、内閣の組織固めを終えた上で、紀元一二一年を皮切りに、長い視察巡行の旅に出る。二十一年間の治世のうち七年しか本国イタリアには滞在しなかった。

紀元一三一年秋、またしてもユダヤで反乱が勃発。一三四年、ローマ軍が勝利をおさめる。ハドリアヌスはユダヤ人を強制的に「離散《ディアスポラ》」させ、以降、ユダヤ教徒による大規模な反抗は影をひそめる。

紀元一三六年、六十歳を越えたハドリアヌスに残された課題は後継者選びであった。最初の候補が病死したため、新たに養子に迎え後に後継者に指名したのがアントニヌス・ピウスだった。紀元一三八年、病没。〈人気よりも業績を重んじた指導者㉖107〉だった。

“慈悲深き”皇帝アントニヌス・ピウス

アントニヌス・ピウスは二十三年間にわたる治世を、〈新しいことは何一つしないのが、皇帝としての彼の責務の果し方㉖136〉で通した。イタリア・ルネサンス時代の政治思想家マキアヴェッリはリーダーの条件を「力量」「好運」「時代への適合性」と定義したが、力量や運だけでなく、時代の要請に応《こた》えうる才能もまた重大な条件だとした。

〈トライアヌスやハドリアヌスと同じく、アントニヌス・ピウスもまた、「質」はちがってもこの三条件は満たしていたのである。統治される側にとっての幸福な時代とは、この三条件すべてを持ち合わせながら「質」はちがうリーダーが、次々とバトンタッチしていく時代であるのかもしれない〈㉖138〉

新皇帝は南仏ニームの出身で、祖先はガリア人だった。元老院人事の典型的キャリアを積んできた人だ。彼は、帝国の統治のあり方を明確に理解していた。市民に配る下賜金も私産から出し、壮麗な別邸を建てることもなかった。人事や安全保障については、前帝の遺したものをそのまま継承している。唯一「ハドリアヌス防壁」の先に「アントニヌス防壁」を築いているが、これは補強の役割しか果たしていない。

アントニヌス・ピウス

幸運で幸福な二十三年の後の紀元一六一年春、七十四歳の皇帝は静かに息を引きとった。統治者というよりは理想的な父親役を務めた皇帝であった。

賢帝たちが築いた「黄金の世紀」が、少しずつかげりを見せはじめるのは、まだしばらく先のことである。

column

旅する皇帝ハドリアヌス

〈ローマの皇帝たちは、意外にも多く旅をしている。それは、皇帝に課された責務が、一に安全保障、二に属州の統治、三に帝国全域のインフラ整備にあったので、これを果すには現地を知る必要があったからである㉕84〉。とはいっても、戦場に出向いたついでに現地を監視するのが常。ハドリアヌスのように、視察と、それを基にした整備整頓だけを目的にした大旅行を敢行した皇帝はいない。ハドリアヌスの「旅」は〈カエサルが唯一人比較の対象になりうるという、長期でかつ広い範囲にわたる旅㉕85〉であった。その途上で、彼は「軍団基地内部の責任体系の明確化」を図りつつ、防衛システムの再構築を行っていった。

ハドリアヌスの視察巡行は大きく三度に分けられる。治世の半分以上を旅で過ごした彼は、後世、「属州民が代表をローマに送って自分たちの要望を訴えたのではなく、皇帝のほうが属州をまわって属州民の声に耳を傾けた」と評されることになった。

第一回目の紀元一二一年、首都ローマを後にしたハドリアヌスは、帝国の西方を目

ハドリアヌスの視察巡行

指す。現代でいう南仏リヨンを経てライン河防衛線に向う。さらに北上して「ゲルマニア防壁」を視察し、ブリタニアへ。ここで「ハドリアヌスの防壁」を遺すことになる。そこから南下、ガリアの地を経て、ヒスパニアから海路シリアへ、そしてオリエントへと旅は続く。少年時代からの憧れであったギリシアへ赴いた際は、アテネをはじめとする全ギリシアの再建に力を注いだ。四年半ぶりにいったん帰国した後、すぐに北アフリカへ旅立ち、防衛力の強化に努めた。

　紀元一二八年夏、三度目の長い旅がはじまる。今回の目的は、東方の

アンティノー

視察にあった。まずは三年ぶりのギリシアに向う。六ヵ月の滞在の後、海路小アジアの西岸に上陸、北辺一帯を視察してまわる。〈皇帝に同行するのは、無用な宮廷人などは一人もいず、いつものように建設の専門家の集団が目立つ少人数の一行であった㉖25〉。小アジアの内陸部を南へ下り、シリアへ。大都市アンティオキアで冬を過ごした後、ユーフラテス防衛線の象徴的な都市パルミラやアラビア属州の基地ボストラ（現ブスラ）を訪ねた。〈これでハドリアヌスは、ローマ帝国の主要な防衛線のすべてを巡行し視察しつくしたことになる㉖36〉。次にハドリアヌスはユダヤ属州、さらにエジプトへと向かった。この地で、寵愛していた美少年アンティノーが溺死するという不幸に見舞われるが、ハドリアヌスはその後も旅を続けた。紀元一三一年に勃発したユダヤの反乱が、紀元一三四年春、イェルサレムの陥落で幕を閉じた後、六年ぶりに帰国。〈やるべきことはすべてやったという想いをいだいての、帰国であったにちがいない㉖103〉。

これぞローマ人の教え（一）

「ローマは、英雄を必要としない国家である」⑤19

スペインを制覇したスキピオが次の担当先を北アフリカにするよう元老院に求めた際、強大な発言力を有したファビウスは、反論した。「われわれが、若さにもかかわらずスキピオを執政官にしたのは、ローマとイタリアのためである。彼個人の野心の満足に、手を貸すためではない」とも語った。

「ローマ人の伝統は、敗者さえも許容するところにある。（中略）敗者の絶滅は、ローマ人のやり方ではない」⑤105

マケドニア王国を壊滅させよと主張するアエトリア同盟の諸都市に対して、ローマ軍の最高司令官フラミニヌスはこう諭した。

ローマ人の物語X

すべての道はローマに通ず

第X巻はローマ帝国の各種インフラについて考察した特別な一冊だ。まず街道について語られる。

ローマ人は〈道路とは、国家にとっての動脈である、と考えていたように思われる。だからこそ、一本や二本の街道を通したぐらいでは充分と思えず、街道網を張りめぐらせていったのではないか。血管の中を通って身体のすみずみにまで血液が送られてこそ人間は生きていけるのだから、国家が健康に生きていくにも、血管網は不可欠である。道路自

文庫 27・28

体ならば、ローマ人の発明ではない。しかし（中略）常にメンテナンスを忘れないようにしてのネットワーク化は、まったくのローマ人の独創である㉗70〉。

白い道がローマ街道主要幹線。実際の街道はさらに網の目のように広がっていた

ローマ帝国の根幹を成すもののひとつは何といっても圧倒的な質と量を誇るインフラである。

〈ローマ人の考えていたインフラには、街道、橋、港、神殿、公会堂《バジリカ》、広場《フォールム》、劇場、円形闘技場、競技場、公共浴場、水道等のすべてが入ってくる。ただしこれはハードとしてもよいインフラで、ソフトなインフラになると、安全保障、治安、税制に加え、医療、教育、郵便、通貨のシステムまでも入ってくるのだ㉗21〉

ローマ人はインフラこそ、「人間が人間らしい生活をおくるためには必要な大事業」と考え、壮大なインフラを保持していたことは遺跡や史料により我々も知るところだが、その背後には先見性を持った幾人かのローマ人たちがおり、数々の物語があったのだ。本巻は編年体で書かれた他の巻と違い、戦争も政争も登場しないが、実は他の巻に負けず劣らずスペクタクル。そして読み終わる頃には〈すべての道はローマに通ず、の「道」とは、道路の意味だけではないことを、そしてそれが、ローマ人の真の偉大さであること㉗28〉が解るだろう。

ここで、紀元前四世紀のローマ人を一人紹介しよう。その名はアッピウス・クラウディウス。踏み固められただけの道しかなかったローマに完全舗装道路をもたらし、街道に対する考え方を一変させた男である。

現在の旧アッピア街道。往時の道が残る数少ない場所だが、残念ながら今やでこぼこ

〈アッピア街道とは「アッピウスの道」の意味であり、その年の財務官《ケンソル》であったこの人が立案し（中略）自らが総監督になって敷設したから、この名で呼ばれるようになったのだ。（中略）街道の敷設もまた国家の政治、と見なされる時代に入ったということであった㉗79〉

〈敷設された当時から、アッピア街道は、ローマ時代の公共建造物に一貫した方針、というより哲学であった、堅固、機能性、美観のすべてをそなえていたと言われている。立案者で工事の最高責任者でもあったアッ

ピウスは、街道の平坦度を確かめるために、サンダルを脱いで素足で歩いてみたという。また、幹線中の幹線であっただけに、修理修復には手を抜かなかった。ローマ人はそのために専門の官職を設置して、その人に全権を与えている。動脈であるのだから、血液の通りに支障がないよう努めるのは当然であった。（中略）ローマ時代のエンジニアたちは、百年間は修理の必要のない道をつくったと豪語したが、敷設当初の状態を維持したければ、不断のメンテナンスは絶対に必要だった。六世紀になってアッピア街道を通ったビザンチン帝国の一高官は、敷設してから八百年が過ぎていながら完璧な状態を保っているのに驚嘆している。ローマ帝国は、この半世紀前にすでに崩壊していた。また、ローマ帝国時代でも末期になると街道のメンテナンスどころではなくなっていたの

ローマ近郊に残るクラウディア水道橋の遺跡。〈アッピア街道に名を遺したアッピウス・クラウディウスは、ローマ式の街道の創始者であっただけでなく、ローマ人の成したインフラストラクチャーのもう一方の雄である、ローマ式の水道の創始者でもあった。これもまた、アッピア街道と同じく紀元前三一二年に着工されている。首都ローマから発する十二本の街道の一本目を通したアッピウスは、首都ローマに流れこむ十一本の水道の一本目を建造した人でもあるのだった。つまり、同胞たちに、道はただ単にふみ固めればできるというものではなく、水もただ単に、汲み出せばよいというものではないことを教えたのである ㉗ 97〉

で、アッピア街道は六世紀の時点ですでに、三百年以上も自然にまかせる状態でつづいていたのである。そして、その後も、街道の重要性をローマ人同様に認識する民族は、十九世紀の半ばまで現われなかった〈㉗95〉

ソフトなインフラ

ローマ人が重視したのは、これらのハードなインフラだけではない。医療や教育といった「ソフトなインフラ」にも、独特な形で力を注いだ。

公的な医師育成システムこそ作らなかったが、ユリウス・カエサルを嚆矢《こうし》として、歴代の皇帝は医療従事者に市民権を与え、法的にも税制的にも優遇することで、質量をともに高めた。特に軍病院には力を入れ、正規軍の軍団兵のみならず、属州出身の補助兵が駐屯する基地にも、軍団病院が備わっていた。

また、ギリシアへの憧れを隠そうともしなかったローマ人は、ギリシア人を積極的に教師として迎え入れ、やはり市民権を与えた。地中海世界で本格的な学問といえば、アテネの「アカデミア」やアレクサンドリアの「ムセイオン」が名高いが、ローマの街中にもギリシア人が営む大小の私塾が開かれ、富裕家庭の子女のみならず、一般家庭の子供達が教育を受ける場所があったのである。

〈社会資本、基礎設備、下部構造を意味するインフラストラクチャーを、ローマ史を勉強していくうちに私は、個人ではやれないがゆえに国家や地方自治体が代わって行うこと、と考えるようになった㉘201〉

〈現代でも、先進国ならば道路も鉄道も完備しているので、われわれはインフラの重要さを忘れて暮らしていける。だが、他の国々ではそこまでは期待できないので、かえってインフラの重要さを思い知らされる。水も、世界中ではいまだに多くの人々が、充分に与えられていないのが現状だ。

経済的に余裕がないからか。

インフラ整備を不可欠と思う、考え方が欠けているからだろうか。

それとも、それを実行するための、強い政治意志が欠けているからか。

それともそれとも、「平和《パクス》」の存続が保証されないからであろうか㉘205〉

我々も、今一度考えてみることにしたい。

column

『ローマ人の物語』執筆の裏側
「すべての道はローマから」

〈このローマの部屋でしか私が仕事を出来なかったのは、疑問を感じたらすぐにも確認に行けるという場所だったからです。何か疑問が出て来たら、ローマ市内の美術館ならすぐ行くし、イタリア内だって行ける。それから、ローマ帝国内だって、飛行機で最長でも二時間で行くことができます（巻末のインタビューより）〉

テヴェレ河沿いの自宅の一室で、『ローマ人の物語』は生み出された。「すべての道はローマに通ず」ゆえに、ローマこそ最適な仕事場所だったからである。

ラテン語やイタリア語の文献が所狭しと並べられた書棚

この書斎で、一月から四月までは古代ローマに関する勉強、五月から八月にかけて執筆、九月から十一月に原稿校正と図版や地図作成というのが、毎年のスケジュールだった。

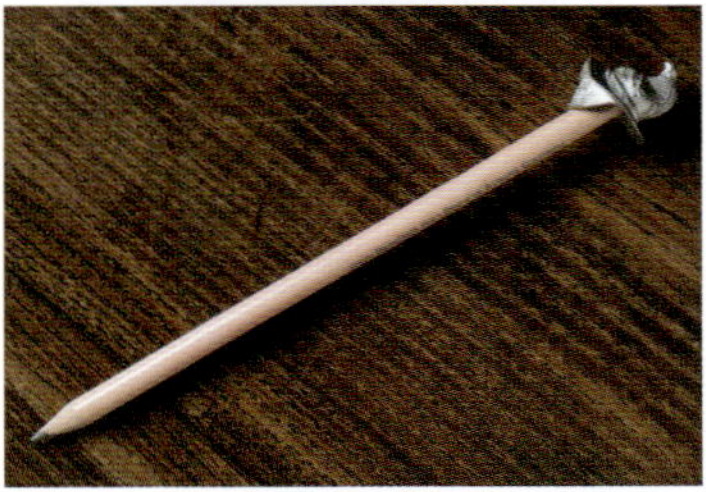

原稿は万年筆、
メモ書きは鉛筆だった

書斎のこの机で、『ローマ人の物語』は生まれた

食堂のテーブルは、ハドリアヌスのヴィラ付近で出土した緑色の大理石をはめ込んだもの

全皇帝の横顔の表。付箋や細かい書き込みも見られる

第四部

グラフ

帝国の属州を歩く

ローマ帝国の帝国たる所以《ゆえん》は、広大な版図に平和と安定をもたらしたことにある。そのことは、かつて帝国の属州だった各地に残るローマ時代の遺跡からも窺《うかが》える。どんな辺境でも、そしていかに風土や気候が異なっても、ローマ人は高度な文明をそこに築いたのだ。帝国の東西南北、それぞれの代表的な遺跡を訪ねた。

ローマ帝国の各地を飾った数々の遺跡

ハドリアヌス防壁
（ハウスステッズの要塞跡）
ブリタニア
トリアーの城門
ヴェローナの円形劇場
ガリア
サントの記念門
ヒスパニア
（スペイン）
ニームの神殿
ローマの凱旋門
アルカンタラの橋
イタリア
ティムガッドの
記念門
アフリカ
レプティス・マーニャの
半円形劇場

レプティス・マーニャ

青い空と蒼い海に恵まれた砂漠の都

北アフリカ、現在のリビア領内にあるレプティス・マーニャは、地中海に面し、紀元前から港湾都市として栄えていた。しかし、この都市を有名にしたのは、紀元三世紀の皇帝セプティミウス・セヴェルスだ。この地に生まれた皇帝は、故郷の発展に特に力を注いだのである。セヴェルス以前の皇帝では考えられなかった、地元への利益誘導であった。

現代のレプティス・マーニャは、周囲に人里もなく、当時の雰囲気を今に伝えている。壮大なフォールムや劇場に立つと、ローマ人たちの歩く音、歓声が聞こえてくるようだ。海と空の青さが強烈な印象を残すこの遺跡を訪れる者は誰でも、皇帝セヴェルスの故郷への強い愛着を理解できるに違いない。

皇帝セヴェルスの時代、ローマは「終わりの始まり」に入っていた。綻び始めた帝国の覇権を維持すべく、セヴェルスは文字通り東奔西走する。しかしブリタニア遠征

遺跡の入り口に立つ「セヴェルスの凱旋門」。紀元203年、皇帝セヴェルスの帰郷を記念して建てられた

皇帝ハドリアヌスが巡行でここを訪れた際に建てられた公衆浴場。浴場の構造がよく分かる遺跡だ

浴場に面した運動場の跡

中に病に倒れ、紀元二一一年、辺境の地で没した。

〈真冬の北イングランドを知っている人ならば、そしてその人が、同じ季節のレプティス・マーニャを知っていれば、確実に私に同意してくれると思う。

重くたれる空の下、雨だけがじめじめと降りつづき、誰も必要にでも迫られなければ外出は見合わせる。元気なのは、常緑樹と芝生の緑だけ。一方、セヴェルスが生れ育ったレプティス・マーニャでは、冬というのに燦々《さんさん》と降りそそぐ太陽の下、光と影は明確に分れ、彼方《かなた》に眼をやれば、染まるように蒼《あお》い地中海がどこまでも広がる。

円柱の並び立つ会堂《バジリカ》や回廊《ポルティクス》の中では、一方の肩はむき出しの白い長衣《トーガ》姿で、男たちが政論や商談にふけっている。すぐ近くの広場《フォールム》では、買物に来た女たちの色とりどりの長衣が花壇のようで、麻色の短衣《トゥニカ》姿で応対に忙しいのは、いつの時代でも抜け目のない商人たち。その商店主の手伝いで走りまわっているのは、短衣の外観だけでは庶民階級のローマ市民と変わらないが、首から下がっている革ひもに附いた銅メダルで奴隷とわかる、人種も肌の色もさまざまな人々。そして、フォールムの一郭で開かれる私塾に通う子供たちと彼らが共通しているのは、短衣姿であることと騒々しいことの他に、顔も手足も浅黒く日焼けしていることであった。

セヴェルスは、その生れ故郷を夢見ながら、暗く寒く雨が降りやまない北イングラ

皇帝セヴェルスによって造られた「セヴェルスのフォールム」。大きさは奥行300メートル×幅200メートル。帝国全体で見ても、これほどの規模のフォールムは珍しい

ンドで死んだのである。私ならば、息子二人の不仲や帝国の将来への不安がなくても、この一事だけでもメランコリーになるだろう。マルクス・アウレリウスも、緑の影も濃いわたしのチェリオの丘、わが愛するローマ、と書き遺しながら冬のウィーンで生涯を終えたが、ローマ皇帝にも、前線で死を迎える時代がやってきたのである。これ以降はそれも珍しくなくなるが、戦役遂行中の戦場で死を迎えた皇帝としても、セヴェルスは、マルクス・アウレリウスに次いで二人目になるのだった

㉛136〉

フォールムに隣接する「セヴェルスのバジリカ」。セヴェルスの死後、皇帝を記念して紀元216年に造られた

フォールムは列柱に囲まれていた。それぞれの柱の上部には怪物ゴルゴンが彫られ、フォールム内を睨みつけていた

バジリカの梁に残された碑文に、セプティミウスの名が読みとれる

日本からリビアへは、アラブ首長国連邦のドバイを経由するのが一般的だが、2011 年２月に内戦状態となり、渡航は現実的ではない。入国にはヴィザが必要だが、個人に発給される可能性は低い。首都トリポリからレプティス・マーニャまでは車で約１時間半。厳格なイスラム教の国なので、服装や行動には注意が必要である。

皇帝セヴェルスの治世より前、紀元前1世紀末に作られた市場。レプティス・マーニャは、アフリカ各地からイタリアに向けて送られる物産の中継港だった

［左頁下右］ティベリウスの凱旋門
［左頁下左］トライアヌスの凱旋門
それぞれの皇帝を記念して建てられた。セヴェルスの凱旋門に比べ見劣りがするが、それだけ、皇帝セヴェルスに対する故郷の人々の思いが強かったのだろう

船の浮彫りを見つけた。港町だった名残か

レプティス・マーニャが誇る半円形劇場跡。紀元1世紀に造られ、現在見られる中では最も古いローマ劇場のひとつである。舞台裏の様子がよく残っているのも特徴だ。さらに舞台を挟んでその先に地中海が見渡せる。ローマ人たちも、ここで海を背景に芝居を楽しんだのだろうか

スペイン属州

二人の賢帝を生んだ

スペインは北アフリカと並んで、帝国の中でも古参の属州である。紀元前三世紀のポエニ戦役の際に、ローマがこの地方を支配下に収めたのが始まりだ。しかしその後も反乱等が続き、最終的に平定されたのは初代皇帝アウグストゥスの時代に入ってからである。

帝政期のスペインは、ガリアと共に最も安定した属州として発展した。その何よりの証拠は、トライアヌス、ハドリアヌスという二人の賢帝を輩出したことだろう。帝国に最大版図をもたらした男と、帝国中を視察し安全保障の再構築に務めた男。いずれもローマ史を画する業績を、属州出身者が成し遂げたのは興味深い。そのことも含めて、ローマの偉大さということなのだろう。

スペイン中西部の町セゴビアの水道橋遺跡。現存する中では最も保存状態がよい水道橋と言われる。全長700メートル以上にわたり、往時の姿が残っているが、当時のセゴビアはごく小規模の町だったという。そこにこれだけ大きな水道橋を通したというのが、ローマのインフラ整備のすごさだろう

スペイン南部、イタリカの遺跡。モザイクの床面が有名だ。トライアヌス、ハドリアヌスの出身地として知られているが、町の規模は小さい。帝国全土の発展に尽力した二皇帝だが、郷土の振興には関心を持たなかったのか

スペイン西部、タホ川にかかるアルカンタラの橋。皇帝トライアヌスの治世に造られた。橋の中央に建つのは、トライアヌスに捧げられた凱旋門

ブリテン島を南北にまっぷたつ

ハドリアヌスの防壁

〈古代のローマ人が「ヴァールム・ハドリアーニ」(Vallum Hadriani)、現代のイギリス人が「ハドリアンズ・ウォール」(Hadrian's Wall)と名づけたこの防壁は、タイン河の河口部からニューカッスルを経てソルウェー湾までの八十ローマ・マイル(約百十七キロメートル)を、石造の壁と塔と城塞《じょうさい》で埋めつくすことによって成った、属州ブリタニアの防御設備である。大河のような自然の境界を利用していないという点において、ライン河とドナウ河の間の距離を埋めた、「リメス・ゲルマニクス」(ゲルマニア防壁)と同じ理念に立っていた。(中略)そして、「防壁《ウォール》」は全線にわたって城塞、要塞、監視塔が各要地を締め、そのそれぞれには、戦略上の理由と地勢の双方の観点に立って必要と見られる、守備隊が配置される。平地に立つ城塞ならば騎兵部隊か騎兵と歩兵の混成部隊、丘陵ならば歩兵部隊、そして監視が任務の塔にはパートタイムの「ヌメルス」、「防壁」の外側に置かれた前哨《ぜんしょう》基地には、補助兵と「ヌメルス」の混成部隊が詰めるという具合だ。各城塞要塞間の距離は平均して一・五キ

ロ、監視塔間の距離は、これも地勢に影響されるので、平均して五百メートル。

これが最前線で、この前線からはローマ式の街道が軍団基地に通じていた。「ハドリアヌスの防壁」で防ぎきれなくても、ヨークとチェスターの両軍団基地から出動した主戦力が、迎え撃つことができるシステムになっていたのである。

一千九百年後の「ハドリアンズ・ウォール」は、この間の風雨による損傷に加え、長い歳月を採石場にされたおかげで、ここもまたローマ時代の他の遺跡

同様に、往時をしのぶには想像力を働かせるしかない。（中略）いずれにしろ、「ハドリアヌスの防壁」に立って強者《つわもの》どもの夢の跡をしのぶならば、雪でおおわれ寒風が吹きすさぶ冬にでも行くしかない。これを建設させたハドリアヌスのブリタニア巡行は、春から夏にかけてというイギリスでも最良の季節だったが、建設成った「防壁」を守るローマ兵たちは、雪で埋まった敵地を前に、寒風が吹きすさぶ地で軍務に就いていたのである

㉕123〉

「ハドリアヌスの防壁バス」に乗ろう！

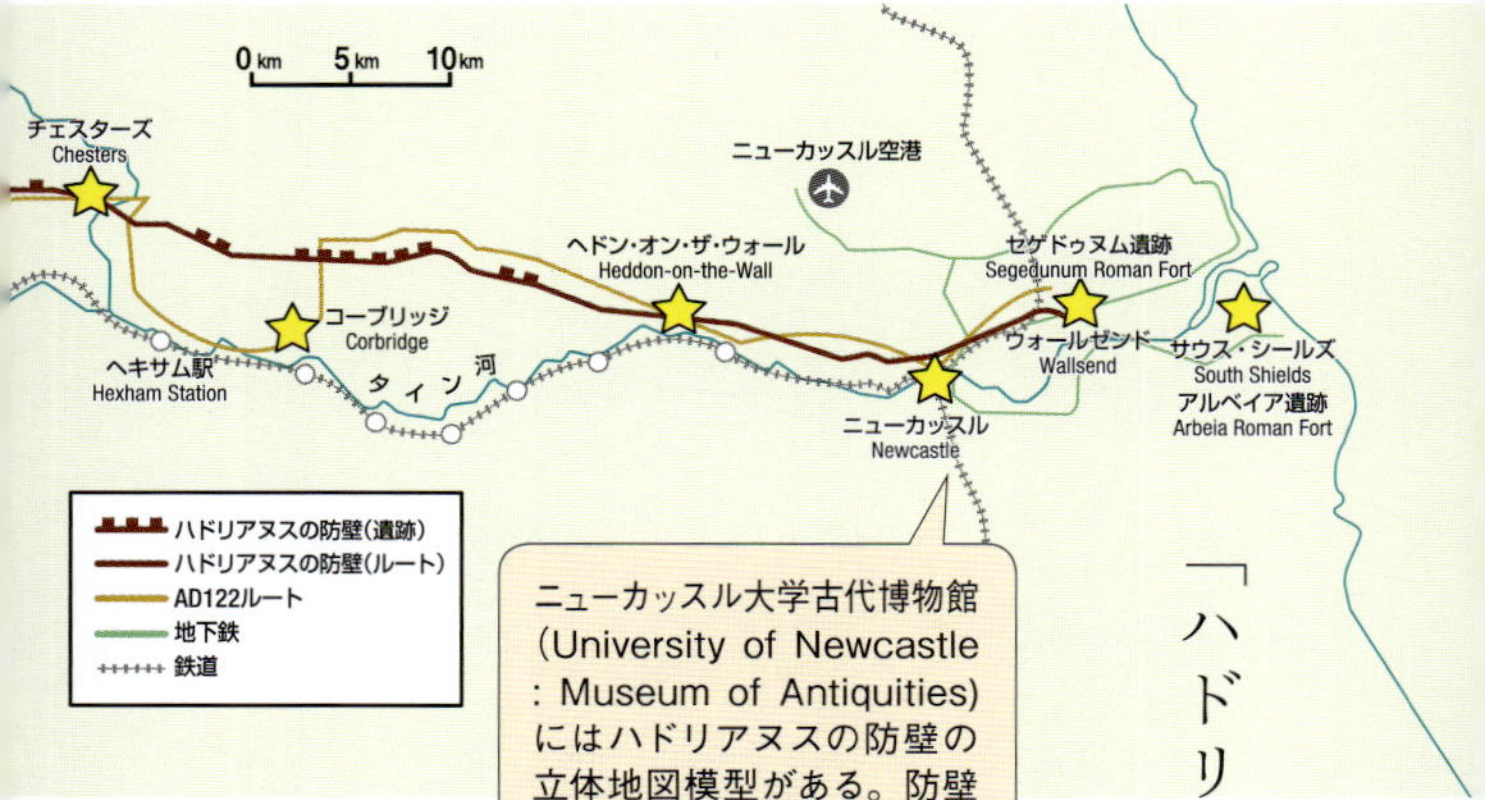

ニューカッスル大学古代博物館(University of Newcastle : Museum of Antiquities)にはハドリアヌスの防壁の立体地図模型がある。防壁と各遺跡の位置関係が一目でわかり面白い。監視塔や兵舎など様々な施設の模型や石碑なども多数ある。

セゲドゥヌム遺跡を一望できる展望タワー

アルベイア遺跡の復元された西門

バードズウォルド
付近の防壁

防壁の石を建材に
使ったと言われる
ラナコスト修道院

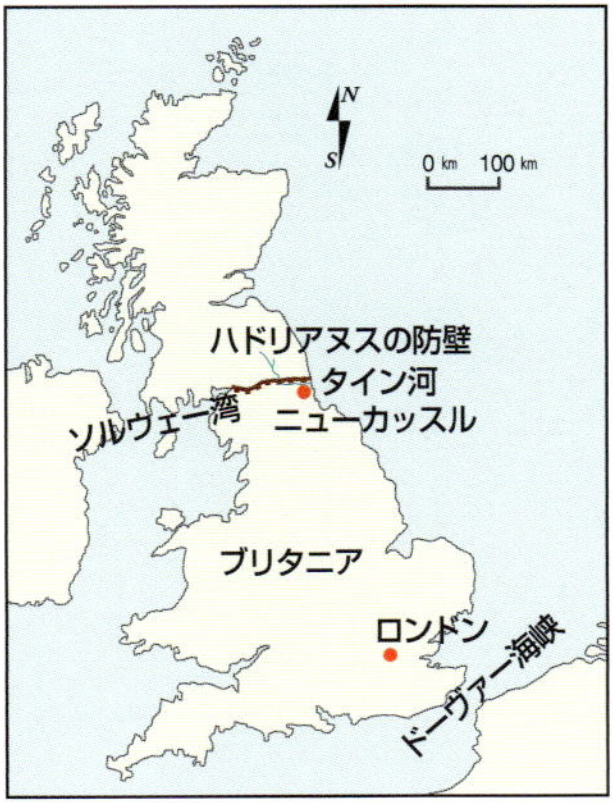

☆が主要な遺跡・博物館のある場所。イングリッシュ・ヘリテージが運営するコーブリッジ、チェスターズ、ハウスステッズ、バードズウォルドの各ローマの遺跡のほか、ラナコスト修道院、カーライル城などは海外ビジターパスで入場できる。1人£18、2人£34（いずれも1週間有効。家族用パスもある。どの施設でも購入可）。別運営のヴィンドランダとローマ軍事博物館にも共通チケットあり。大人£7.50、子供£4.70で別々に購入するより少し割安。

このバス、路線番号がＡＤ１２２である。ハドリアヌスが属州ブリタニアを訪れ防壁の建設を命じたのが紀元一二二年。この年を路線番号に冠したこのバスに乗れば、ハドリアヌスの防壁沿いのローマの遺跡をくまなく巡ることが可能だ。

古代ローマの軍団基地を起源とするヨーロッパの都市は多いが、建設当時の形や規模を残す街は少ない。その上多くの古代の街は後代の都市の地下に埋没してしまっていて、都市全てを取り除きでもしない限りその全容を見ることもできない。ところがこの帝国の北の果ての地には、ローマ兵が築いた防壁、基地、そして様々な施設が、当時のままの規模でいくつも残っている。これらの軍団基地は五世紀初頭にローマ軍が退却した時点で発展を止めた。近隣の街の建設資材として石積みは持ち去られたりもしたが、後代のイギリス人たちが残る基礎や崩れた壁を掘り起こし修復してくれ、我々はまさに当時のローマの前線を丸ごと見ることができるのだ。

長く続く防壁も美しく見事なのだが、床下暖房施設や浴場、穀物倉庫、病院、上下水道など、二千年前の当時のローマ兵たちがこの地に持ち込んだ帝国の技術力に圧倒される。そしてよくもまあこんな遠くまでやって来たな、と感嘆させられる。

防壁の建設以前からある要塞。ここでローマ軍団兵に遭遇！ 実は古代ローマが大好きな英国人たち

コーブリッジ

Corbridge

左は湿気やネズミなどの害獣から穀物を守るための高床倉庫。床板までが割れずに残っている。右は模様も美しい陶器のボウル。食べることが大好きだったローマ人は、食器までガリアからわざわざ運んだ。下はどの遺跡にも必ずある地下金庫。兵士の給料を保管した

美しく整備された要塞。兵舎を左右に配した基地内の通路。中央に下水溝が通るが、往時は蓋がされ完璧に舗装されていた

ノース・タイン河。かつてここには堅牢なローマ橋がかかっていた。対岸にその遺構が見える

チェスターズ

Chesters

河のそばのローマ浴場。この浴場の規
模と保存状態の良さには圧倒される

ハウスステッズ

Housesteads

前頁の写真の丘の上、右に見えるのが防壁沿いで最も完璧な形で残るハウステッズ要塞。床下暖房のある司令官室、穀物倉庫、病院、兵舎、門とあらゆる施設が見られる。写真上は水洗トイレ。下は要塞の端から延びる防壁

ヴィンドランダ

Vindolanda

今なお発掘中の遺跡で、生活に関する展示が充実している。復元された監視塔[下]と要塞の外の民間人の居住地域にある浴場[上]。加熱のシステムまでよく残っている

東はウォールゼンドから西はボウネス・オン・ソルウェーまでが1日1往復とヘキサム駅からカーライルまでが5往復。端から端まで乗ると4時間強の行程。うまくいけば1日3、4箇所回れるだろう。例年5月の最終土曜から9月末まで毎日運行するが、復活祭、4月後半・5月前半・10月の日曜・祝日にも運行。詳しくはネット上の時刻表でチェックして欲しい。Hadrian's Wall Bus AD122 Timetableで検索可。時刻表は観光案内所かバスでも入手できる。乗車券はバスの運転士から購入。1日券が大人£9、子供£4.50、家族£18。3日券は大人£18、子供£9、家族£36。

「砂漠の真珠」とたたえられた
パルミラ

シリア砂漠のオアシスを発祥とするパルミラは、紀元一世紀にローマに征服されて以来、東西貿易の中継地として栄えてきた。その役割を重視したローマは自治権を与え、パルミラは「シリア砂漠の真珠」と讃えられるほどの繁栄を享受した。

だがそのパルミラも、XII巻『迷走する帝国』で描かれた「危機の三世紀」に岐路に立つ。地元高官の妻ゼノビアが、蛮族の襲撃や皇帝捕囚などで求心力の低下したローマからの独立を図ったのである。

帝国東方を糾合し女王と名乗った彼女はローマを翻弄するが、皇帝アウレリアヌスの代に制圧された。その直後の二七二年、パルミラは破壊され、現在に至っている。今は遺跡として盛期の面影を残すだけである。

遺跡の中央に建つパルミラのシンボル「四柱門」。２本の大通りが直交する交差点に建てられた

パルミラの「女王」ゼノビア。ローマ相手になかなかの策士ぶりを発揮し、彼女の「王国」はおよそ５年存続した。ローマに敗北した後は、皇帝アウレリアヌスの凱旋式のためローマに連れてこられ、ティヴォリに邸宅を与えられてそこで生涯を終えた

パルミラは地中海とユーフラテス河のちょうど中間に位置する。美しい列柱が大通りに沿って並び、多くの隊商が行き交った当時は、まさに「真珠」と呼ぶにふさわしい街であったことだろう。右手奥の山の上に残るのは、17 世紀にアラブ人が建てた城砦の跡

column

ポンペイ遺跡に見るローマ人の普通の生活②

食の愉しみ

〈二十世紀では知らない人もいないほどに有名になるポンペイも、同時代人にとっては、「カンパーニア地方の豊かな諸都市」、の一つにすぎなかったのである。だが、それゆえにポンペイは、ローマ帝国時代に数多く存在した典型的な一地方都市がそのまま封印され、二千年後に再び姿を現わしたということになり、またこの点にこそ、発掘作業をつづける理由もあるのである㉓20〉

その通り、ポンペイには、当時の生活を物語るさまざまな遺構や出土品がある。ポンペイ遺跡を通じて、古代ローマ人たちの普通の暮らしを探ってみよう。

〈ローマ人は、寝台式の台の上にマットレス状のものを敷き、その上に片ひじでささえる形で横になった姿勢で食事をしないと、食事の名には値しないと考えていた。テーブルを前に椅子に坐って食べるのは、子供か奴隷の食事の仕方で、食堂に一室をさける程度の家に住む人の食事の仕方ではないと思っていた。ただし、こうもくつろぐ

炭化して出土したオリーブの実。他にも干しぶどうやレンズ豆、洋梨などが見つかっている

食事の愉しみ方は、ローマ時代でも夕食に限られていた。朝食も昼食も、また忙しくて時間がとれない場合は夕食でも、テーブルを前に椅子に坐って早々に終えるのだ。だがこれは、ローマ人にとっては現代人の立ち喰いと同じで、日本で言う、立ったままで飯《めし》をかっこむ、の感じだった〈㉓44〉

朝・昼はパン、果物と水などで軽く済ませておいて、夕食に臨む。夕食は時として「饗宴《シンポジオン》」の席となった。客人を招き、料理や酒を愉しみつつ、テーマを決めて論じ合う。美食家で知られる武将ルクルスは、部屋の装飾や音楽、客の顔ぶれなど全てが調和した「食」を追求したという。

宴会の客と娼婦を描いたモザイク

ローマ人の主食はエジプトや北アフリカ、シチリア産出の小麦で作るパンやポタージュ、おかゆだった。他には野菜や果物、チーズや乳、オリーブ油など。ガリア人やゲルマン人のように肉食ではなく、無類の魚好き。お金持ちは自宅に生簀《いけす》まで持っていたほど。ところが、紀元前四五年、カエサルの贅沢禁止法によって個人

再現！古代料理

卵焼きにイラクサを入れてビタミン補給？

レバー・ミンチの団子をラードで炒めたもの

塩味をきかせた小型のパンは昼食の定番

ラザーニャの一種「パティナ」。具は肉や魚

蜂蜜風味、クルミとナツメヤシのデザート

マッシュポテトと干しぶどうのデザート

ほかほかの焼きたてパンが大人気！　パン屋を描いた絵。店の活気が伝わってくる

切り込みのある丸型パンは、19世紀後半、出土したもので、当時ナポリ周辺ではまったく同じ型のパンがまだ焼かれていたという

発掘されたパン窯

宅での生簀が禁じられ、美食家たちを嘆かせた。

皇帝たちの食生活はどうだったか。カエサル自身は食へのこだわりはなく、葡萄酒の量もほどほど。兵士たちと同じ食事をとっていたという。カエサルの養子アウグストゥスもまた、食の好みは質素で庶民的だった。後代のアントニヌス・ピウスのように、所有地で採れた食材で客人をもてなしたり、農民たちとともに葡萄の穫り入れに励んだ、こだわり派の皇帝もいる。

共同浴場の隣にある居酒屋では、カウンターに埋め込んだ陶器の壺にワインや食べ物を入れて売っていた

アンフォラ(壺)を運ぶ男たち。居酒屋かワイン商の看板か

葡萄酒は水か湯で割って飲むのが普通だったが、ティベリウスやトライアヌス、ハドリアヌスらはストレートでぐいぐい飲んで「酒飲み」のレッテルを貼られた。ポンペイでも居酒屋が何軒か発掘されていて、葡萄酒は庶民の間でもポピュラーだったことがわかる。

第五部

『ローマ人の物語』を訪ねる

〈XI巻〜XV巻編〉

戦争、内乱、蛮族の大侵入。帝国は衰亡期に突入していた。だがこんな時代にも、自らの誇りをかけ、孤軍奮闘する男たちがいた――。

第XI巻『終わりの始まり』
第XII巻『迷走する帝国』
第XIII巻『最後の努力』
第XIV巻『キリストの勝利』
第XV巻『ローマ世界の終焉』

ローマ人の物語XI
終わりの始まり

文庫 29・30・31

ローマ帝国が広大な版図を誇り平和を享受した五賢帝時代。その掉尾《とうび》を飾るのが、内省と思索に満ちた『自省録』を著し、哲人皇帝としても名高いマルクス・アウレリウスである。マルクスは同時代人から敬愛されただけでなく、その治世は後世においても一貫して高い評価を得ている。

一般的な古代ローマ史の通説では、マルクスの無能な息子コモドゥスが帝位を継いだことが帝国衰亡の原因とされるが、本書ではすでにマルクスの時代に、ローマは衰亡の坂を下り始めていたとされる。なぜ優れた哲人皇帝の時代に「終わり」は始まっていたのだろうか。

＊　＊　＊

一三八年、皇帝ハドリアヌスは、マルクス・アウレリウスとルキウス・ヴェルスを養子に迎えることを条件に、アントニヌス・ピウスを後継者として指名する。養子の二人は結婚相手までもが決められていた。

〈この条件を一読するだけでも、帝国の防衛システムの再整備だけでなく法律体系の整備までやり遂げたハドリアヌスの、完璧でないと我慢のならない気質の一端がうかがわれるが、ここでも明らかなことは、皇位継承の本命はマルクスであって、アントニヌスは中継ぎと考えていたことである。（中略）こうして、すべての責務をやり終えた五ヵ月後、皇帝ハドリアヌスは世を去った〈㉙52〉

ハドリアヌスが遺したのは、「防衛線」の鉄壁化が成された磐石なる帝国だった。帝国の再構築が不可欠とは誰もが考えていない時代に危機意識を持ち、治世の多くを費やして辺境を視察して得た成果だった。

ところがこれを継承したアントニヌスは、ハドリアヌスのような帝国巡行はしないと宣言。言葉どおりローマからの統治を続け、そのため次期皇帝のマルクスも属州を訪れる機会は与えられない。つまり、ハドリアヌスの問題意識を、帝国の継承者たちは共有していなかったのだ――。だがアントニヌスは幸運な皇帝だった。その治世において何一つ問題は起こらなかった。

死後神格化されたアントニヌスの神殿

紀元一六一年、〈ローマ近郊の別邸に滞

在していた皇帝アントニヌス・ピウスは、突然の身体の不調を訴えた二日後に死んだ。「秩序ある平穏」と評された二十三年の治世の最後にふさわしく、眠るがごとくの静かな死であったという。（中略）そして、このアントニヌスの後を継ぐのも、四十の歳までアントニヌスの身近にありつづけ、中央政治の経験ならば誰にも負けないマルクスである。元老院議員たちも、マルクスの治世もアントニヌスのそれと同様に、「秩序ある平穏」でつづくと安心していたにちがいない㉙106〉。

あらゆる難題が勃発《ぼっぱつ》

ところが一六一年、マルクス・アウレリウスとルキウス・ヴェルスが共同皇帝として帝位に就いたまさにその年、まるで待ち構えていたかのごとくに難題が勃発。マルクスの〈十九年にわたる治世は、よくもここまであらゆることが同時に火を噴いたものだと、気の毒に思うほど多難な治世になる㉙212〉。

まず飢饉《ききん》、次いでテヴェレ河が大氾濫《はんらん》し、それも解決しないうちに東方でパルティア戦役が始まる。だが二人には軍事上の経験がない。辺境には訪れたことさえない。ローマの中央政府だけが彼らの知るすべてだった。

マルクス・アウレリウス

〈マルクス・アウレリウスも、気づかざるをえなかったにちがいない。時代が変わりつつあることに、しかも悪く変わりつつあることに。先帝アントニヌスの時代が、ローマの歴史では例外的に、安全で平和で繁栄を満喫していたのである。その父に比べて、哲人皇帝マルクス・アウレリウスは、重大で深刻で、しかもこれまでにどの皇帝も直面したことのない新しい問題と対決することになるのだった㉙179〉

帝国の各地で起こる戦役、暴動、蛮族の侵入。マルクスは自著『自省録』にこんな記述を残している。

〈「アレクサンドロスもポンペイウスもカエサルも、数多《あまた》の会戦で敵を敗走させ、多くの都市を攻略し、それらのいくつかは土台から破壊した。千を数える騎兵や歩兵が、犠牲になった。その彼らでさえも、ある晴れた日、舞台から退場したのである。大王アレクサンドロスも彼の馬の世話をする馬丁も、死んだ後では同じように灰になった」

このように書いた人の治世が、所詮は敵を殺すことにつきる戦争で終始したのは気の毒というしかない。それでも、戦略も戦役の展開に関しても何ひとつふれていな

ゲルマニア戦役などの浮彫りが見事なマルクス・アウレリウス円柱

い『自省録』だが、著者の戦場経験なしには書かれえなかった書物でもあるのだった㉚75〉

国難に見舞われつづけた十九年の統治の末、五賢帝最後の男マルクスは、前線基地で死の床に就く。

〈皇帝は、もはや薬も食事も、水さえもとることを拒否した。半ば死に半ば生きている状態で生を長らえることは、ローマの男にとっては恥であったのだ。また、従容《しょうよう》として死を迎えるのは、マルクスにとっては、ストア哲学の徒として自らの生を終えることを意味した。（中略）すべてを断って四日が過ぎた三月十七日、皇帝マルクス・アウレリウスは死んだ。一ヵ月もすれば、五十九歳を迎えるところだった。皇帝としての治世ならば、十九年になる。気質的には軍事に不向きであった人にしては、戦争ばかりしていた十九年であった。（中略）「愛するローマ、幼少のわたしを育《はぐく》んでくれたチェリオの丘」と書いた人は、遠い北のドナウ河畔で、みぞれまじりの雨の降る中で生を終えたのである。マルクス・アウレリウスは、前線で死を迎えたローマ皇帝の最初の人になった㉚118〉

マルクス亡き後、帝位は息子のコモドゥスが継ぐ。

〈ローマ史上で悪帝と断罪されてきたのは、ティベリウス、クラウディウス、ネロ、

コモドゥス

ドミティアヌスの諸皇帝だが（中略）ティベリウスを筆頭に、クラウディウスもドミティアヌスも、人間としての評価は別にして統治者としてならば、再評価はもはや定着している。文献にのみ頼らざるをえなかったのがギボンまでの時代だが、その後の世代からはじまった遺跡、碑文、通貨等々の実証的研究の成果が、これら〝悪帝〟たちの名誉回復を可能にしたのだった。ネロでさえも、金融と外交、そして大火後のローマの区画整理の面では、なかなかの業績をあげたと言われているのだ。ただ一人救われなかった悪帝はカリグラだが、この人の治世は四年と短かった。一方、いまだに救われていないコモドゥスの治世は、十二年もつづいたのである㉚127〉

その十二年の間コモドゥスは、統治者としてすべきことは何ひとつやらず、姉に殺されかけてからは、残忍な暴君と化し、剣闘試合や競技会に熱中した。

〈元老院は満場一致で、前皇帝コモドゥスを「記録抹殺刑」（Damnatio memoriae）に処すことを可決した。皇帝ネロ、皇帝ドミティアヌスにつづく三人目である。死後にこの不名誉な刑に処されると、肖像は破壊され、業績を刻んだ碑文からは名が消去される。とはいえコモドゥスは、この二人の先輩と比べても公共建築も建てなければそれらの修復もしなかったので、消さねばならない碑文さえもないのだった㉚221〉

五賢帝後のローマは、こうして衰亡の坂を転げ落ちて行く。

そして、下剋上《げこくじょう》

〈皇帝コモドゥスが暗殺された後の帝位を争うことになった五人を並べてみると、その全員がマルクス・アウレリウス帝の時代に帝国の防衛をになっていた人々であることに気づく。そして、ある種の感慨さえおぼえる。（中略）軍隊とは、ローマ時代にかぎらずどの民族でもいつの時代でも、恵まれない生れの者にも門戸が開かれていた、数少ない実力主義の組織であることが痛感されるからだ。乱世は、下剋上の時代である。（中略）勝ち残るには力にプラス知能《インテリジェンス》が不可欠になるのだった㉛12〉

五人のうちまず最初に皇帝となったペルティナクスが、力量不足ゆえにわずか四ヵ月で殺害された後、ディディウス・ユリアヌス、セプティミウス・セヴェルス、ニゲル、アルビヌスの四将が帝位争奪戦に名乗りを上げる。そして彼らの背後には、それそれを支持する各地の軍団の存在があった。

〈帝国の「防衛線《リメス》」を守る軍団が動き出したということは、もはやクーデターによる頭のすげ替えではことは解決せず、軍団同士がぶつかる内戦の時代に入ったということであった。（中略）実力主義にはプラス面も多いが、人間社会の他のすべての事柄と同じでマイナス面もある。実力主義とは、結局は実力でカタをつけるしかない解決法なのであった㉛38〉

皇帝セヴェルスの勝利

四将の戦いを知力で制し、四年にわたった内戦を終わらせたのはセプティミウス・セヴェルスであった。

〈内戦はやはり悲劇である。犠牲になった個人にとっても悲劇だが、「国家《レス・プブリカ》」にとっても悲劇である。これさえ起らなければ、ローマ帝国という「共同体《レス・プブリカ》」に貢献できた多くの有能な人材が、ただ単に敗者になったというだけで消されてしまう。何であろうと内戦を上まわる弊害はなし、と確信して、それを避けるためには、帝位の世襲という、ローマ人が飲み下すのに慣れていないことまでした、マルクス・アウレリウスの悲願が今さらのように思い起される。

内戦とは、自分で自分の肉体を傷つけ、自らの血を流すことなのだ。出血多量は、死に至らなかったとしても、体力の減退は避けられない。「ルビコン」を渡って以後のカエサルの「寛容」(clementia)は、彼に敵対していた元老院体制堅持派にも広く知られていた事実である。(中略)カエサルは、「ルビコン」を渡ることで自分がはじめた内戦によって消されてしまう人材を、可能なかぎり救おうとしたのである。流される血を、できるだけ少量に留めようとしたのだ。これは、感傷ではなかった。現実を冷徹に直視しさえすれば、容易にたどりつく結論であった。セヴェルスも、内乱によるこの弊害を、頭では理解していたのである。ただし、理解していることと、実際にそれをどう進めていくかは、個人の資質に左右されざるをえない別のことではあったのだが㉛85〉

セプティミウス・セヴェルス

セヴェルス帝は新街道の敷設など公共事業にも力をいれたが、一方で反対派を粛清。また軍事力強化のため軍制改革を断行するも、帝国の財政は悪化の一途を辿る。その結果、「死ねば皇帝も奴隷も同じだ」と『自省録』に書き遺したマルクス・アウレリウスと同

セプティミウス・セヴェルスの凱旋門

様に、セプティミウス・セヴェルスも死の床で「わたしは、すべてをやった。だが、今になってみると、そのすべてが無駄であったようだ」と言い残すことになった。

〈死ねば誰でも同じだが、死ぬまでは同じではない、という矜持《きょうじ》をもってローマを背負った、リーダーたちの時代は終わったのである。

この後にも、この種の矜持を自らの生き方の支柱にする人は、個々別々には出てくる。だが、彼らが主導権をふるえた時代というならば、確実に終わったのである。

そして、この後のローマ帝国は、歴史家たちの言う「三世紀の危機」に突入する。魚は頭から腐る、と言われるが、ローマ帝国も、「頭」から先に腐って行くのだった㉛138〉

column

新たなる挑戦、「共同皇帝制」と
マルクスの密かなる理想

マルクス・アウレリウスは皇帝就任の際、ルキウス・ヴェルスを「共同皇帝」にするよう元老院に要請する。これに議員たちは驚きを隠せない。二人の皇帝並列は、ローマ帝政に前例がなかったからである。

なぜ「共同皇帝」という地位をマルクスは創設したのか。彼の自著の中のわずかな記述に、哲人皇帝の真意を著者は見る。

〈『自省録』中に、ローマの帝政への反対者、言ってみれば「反体制派」の人々にふれた箇所がある。セヴェルスのおかげで知った、として名を列記してあるだけなのだが、（中略）帝政時代でも、現体制打倒の行動に出ないかぎりは、共和政にシンパシーをいだくことは自由であったのだ。ただし、帝政ローマの象徴である皇帝自身が共和政シンパというのでは、事情は少々ちがった。皇帝マルクス・アウレリウスも、刊行を予定していない日々の思索でしかなかった『自省録』の中でも、名を列記するだけに留めておいたのであろう。だが、その名の列記からの想像にすぎないにしろ、皇

〈新皇帝ルキウス・ヴェルスは三十一歳になりながら、婚約者も決まっていない独身だった。だがこれも、皇帝になればプラス要因に変わる。ローマの女たちは、独り身で若々しい皇帝に熱狂したのである ㉙119〉

マルクス・アウレリウスは〈皇帝就任を要請されるのは自分一人ではなく、ルキウスとの二人であると言明した ㉙110〉

帝を二人制にした彼の気持がわからないでもないように思えてくる。共和政ローマの公職の特質は、複数並立制にあった。最高神祇官を除くすべてが、最高の公職である執政官ですらも、二人であったのだ。一個人への権力の集中を防ぐ策であることはもちろんである。それが帝政移行後に、皇帝だけは一人制になる。当然ながら、皇帝一人に権力が集中する。このシステムでないと大帝国は統治できないというのが、カエサルやアウグストゥスの考えであったが、これは現実主義的考えであって、理由は何であろうと権力の独占はならぬ、とする考えは、この帝政下では反体制にならざるをえない。ローマでは、帝政が定着した後もなお共和政主義者が絶えなかったのは、帝政下での共和政主義が理想主義になったからであった。マルクス・アウレリウスも、哲人皇帝と言われるくらいだから、理想主義者でもあったのである。これが、前代未聞の二人の皇帝並立になってあらわれたのだと思う㉙114〉

しかし理想は理想でしかない。ルキウスは皇帝らしきことはなにもせず三十九歳の若さで病死する。

〈マルクス・アウレリウスのフェアな精神の産物である二人の皇帝による共同統治は、皇帝の一方が少しも協力せず、何ひとつ成果もあげないうちに八年で終わったのである㉙205〉

この後も「共同皇帝」は、マルクスの真意とは裏腹に、内乱の時代には政争の道具として使われ、「危機の三世紀」ともなると、一人の皇帝では統治できないという理由で頻繁に登場することになるのだった。

ローマ人の物語XII

迷走する帝国

文庫 32・33・34

ローマと言えば建国以来、数多くの危機に直面するも、その苦難を乗り越えることによって、さらに強大な帝国へと発展してきたはずだった——。

ところが五賢帝も去った三世紀、度重なる蛮族の侵入、軍事力強化による財政悪化、官僚機構の肥大、同時多発する内戦など、ローマは未曾有《みぞう》の危機に襲われ、迷走を始める。二一一年からの七十三年間には、実に二十二人もの皇帝が登場しては消えた。ついには皇帝が敵国の捕虜となるという、覇権国家としては考えられない事態にも直面する。

後に「三世紀の危機」と呼ばれるこの時代、ローマでいったい何が起きていたのか。

* * *

〈三世紀のローマ帝国の特質の一つは、政略《ストラテジア》面での継続性を失ったことである。それ以前は、たとえ悪帝と断罪された人の死後に帝位を継いだ皇帝でも、先帝の行った政策で良策と判断したものは、継続しただけでなくさらにそれを発展させるようなことまで、迷うことなく行ってきたのだった。基本的な政策の継続は、これによって保証されたのである。皇帝の治世が長かったことだけで、継続性が保証されたのではない。継続することがエネルギーの浪費を防ぐ方法の一つであることを、自覚し認識していたからであった。三世紀のローマ帝国は、持てる力の無駄遣いに、神経を払わないようになっていたのである。これもまた、ローマ人がローマ人でなくなりつつある兆候の一つであった。

哲学や芸術面ではギリシア人に及ばず、体力では肉食民族のガリアやゲルマンの民に劣り、技術でさえもエトルリア民族の教えを受けることで、あれほどのインフラストラクチャーの完備を可能にした技術立国になり、経済の才能でもカルタゴやユダヤの人々にはるかに及ばなかったのがラテン民族だったが、そのローマ人がこれらの諸民族を傘下に収める大帝国を築きあげ、しかも長期にわたってその維持に成功してきた真因は、実にこの、持てる力の合理的で徹底した活用への執着、にあったのだった。

三世紀のローマ帝国は、一覧表が不可欠になるほど、数多くの皇帝たちが現われては消える。そして、皇帝の顔が変わることは、三世紀のローマ帝国では、政策もそのたびに中断されることを意味するようになっていたのである。継続は力なり、はやはり真理なのだ。持てる力の有効な活用に利する、という一点においても〈㉝82〉

ところがこの時代に、善戦した皇帝が一人もいなかったわけではなかった。

カラカラ大浴場

「三世紀の危機」の引き金となったカラカラでさえ、ラインからドナウの防衛線の堅固化に尽力し、対蛮族戦での活躍で兵士の人気は高かった。公正で穏健な統治を行なったアレクサンデル・セヴェルス帝はネロ浴場の大改修、治安の向上、十三年にわたる食の保証など特筆に値する業績も多い。アウレリアヌス帝は、ペルシアで皇帝が捕囚された後の混乱で失われていた帝国の東部をパルミラ王国から取り戻し、ガリアも再復した。首都には城壁を築き安全の確保に注力した。
　しかしそのアウレリアヌスでさえ謀殺されるのが、「三世紀の危機」だったのだ。

現れては消えた二十二人の皇帝たち

彼らの短い在位期間と死因が「三世紀の危機」を顕著に表す。このうち実に14人もの皇帝が謀殺された。

［（　）内は在位年数と死因］

カラカラ（六年・謀殺）

マクリヌス（一年・謀殺）

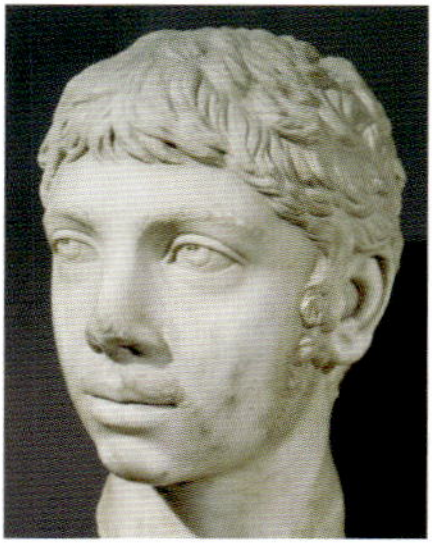

ヘラガバルス（四年・謀殺）

アレクサンデル・セヴェルス（十三年・謀殺）

マクシミヌス・トラクス
（三年・謀殺）

ゴルディアヌス一世
（半月・自殺）

ゴルディアヌス二世
（半月・戦死）

パピエヌス（三ヵ月・謀殺）

バルビヌス（三ヵ月・謀殺）

ゴルディアヌス三世
（六年・謀殺）

フィリップス・アラブス
（五年・自殺）

デキウス
（二年・対蛮族戦で戦死）

トレボニアヌス・ガルス
（二年・謀殺）

ヴァレリアヌス
（七年・捕囚され獄死）

ガリエヌス（十五年・謀殺）

クラウディウス・ゴティクス
（二年・病死）

アウレリアヌス（五年・謀殺）

タキトゥス（八ヵ月・病死）

プロブス（六年・謀殺）

カルス（一年・事故死）

ヌメリアヌス（一年・謀殺）

カリヌス（二年・謀殺）

「グランデ・ルドヴィージ」と呼ばれる石棺。浮彫真ん中の騎乗の若者がエトゥルスクス

二つの悲劇、二つの浮彫

多くが悲惨な死を迎えた「三世紀の危機」の皇帝たちだったが、そのうちの二人の最期と、それぞれに関わる浮彫を紹介しよう。

〈皇帝デキウスは、蛮族との戦闘中に死んだ最初のローマ皇帝になった。しかし、これほどの犠牲を払っても、ゴート族もヴァンダル族も、バルカン地方から一掃できたわけではない。つまり、蛮族相手の戦争は継続中ということだ。それでいて、皇帝デキウスだけでなく、共同皇帝の地位にあった息子のエトゥルスクスも戦死している㉝122〉

浮彫の彫られた石棺は、エトゥルスク

馬上のシャプールと二人のローマ皇帝

スの死を悲しんだ母が作らせたという。そしてもう一人が皇帝ヴァレリアヌスである。

紀元二六〇年初頭、「ローマ皇帝ヴァレリアヌス、ペルシア王シャプールに捕わる」の報が、帝国を震駭《しんがい》させる。この時シャプールは、首都ペルセポリスのすぐ北のナクシ・ルスタムの岩壁に浮彫を彫らせた。

〈馬上姿のシャプール一世の前にひざまずく姿で刻まれているのが、ローマ皇帝ヴァレリアヌスだ。その左脇に立っているのもローマ皇帝で、十五年前にシャプールの要求をすべて飲むことで講和にもっていった、フィリップス・アラブスだった。ペルシア王に降服する二人のローマ皇帝。これがペルシア王シャプールが世に誇示したかった、三世紀のローマとペルシアの「構図」であったのだろう。（中略）実際はどうであったにせよ、皇帝ヴァレリアヌスが生きたまま敵の手に落ちたことは確たる史実である㉝154〉

ヴァレリアヌスはこの後一年もたたぬうちに獄死する。

迷走するローマの象徴のような二人の死だった。だが、この巻の最後にはついに、「三世紀の危機」に幕を引く人物が登場する。それがディオクレティアヌス帝である。

〈このディオクレティアヌスからローマ帝国は、新しい時代に入っていくことになる。（中略）そして、この変化がローマ帝国にとって、良かったか悪かったかは別にして、皇帝ディオクレティアヌスは、やろうと決めたことはやれたのである。三世紀のどの皇帝たちも得ることができなかった、二十一年もの「時間」を手にすることができたからであった㉞167〉

column

目的のためには手段を選ばず
宿敵ペルシア王シャプール一世

ローマには宿命のライバルと言える国家、王が少なくなかったが、その中の極めつきがササン朝ペルシア二代目の王シャプールだ。ローマからメソポタミアを取り上げ、皇帝を策略によって「生け捕り」にしたのである。

ヴァレリアヌス帝を捕囚しただけではない。同時にシャプールは一万人ものローマ兵を一網打尽に捕えていた。そしてこのローマ兵を現代のイラン南西部まで連行し、なんと自国のインフラ整備にまで利用するのである。

〈ローマ軍団が、「つるはしで勝つ」とも言われた伝統をもつ集団であることを、このペルシア王は知っていたのである。なにしろ、ペルシア人の間でも、有名なローマ街道網はローマの軍団兵が敷設したということは知られていた。シリアに侵入するたびに、彼らもそれを通っていたからだ。ペルシア王シャプールは、そのローマ軍団兵の活用を考えたのである。

自分たちを捕虜にしている国のインフラストラクチャーの整備を命じられた当のロ

ーマ兵たちは、どんな想いでいたのであろう。だが、彼らが何を建設し、しかもそれらをどのように本格的に建設していったのかをたどっていくと、何やらこのときのローマ兵たちの想いにも迫れるような気になってくる。自分たちは捕虜で、捕虜にした人間の命令に従わなければ、待つものは死か、それとも鉱山で働かされるか、でなければ奴隷市場に売りに出されるかしかない。それならば、ローマ人の名に恥じない本格的で堅固なものを建ててやろうではないか。たとえそれが敵の利になろうとも。このときのローマの兵士たちによって成されたペルシア国内のインフラをたどっていくと、このようにでも考えなければやれなかった、と思えてくるのである。

肉体の自由は奪うことはできても、精神の自由までは奪うことはできない。そして、精神の自由が誰にも奪うことができないのは、それが自尊心にささえられている場合である。ペルシア王に捕われたローマの将兵たちは、自尊心を維持するために建設工事に従事したのではないか〈㉝160〉

シャプール１世

彼らがペルシアの地で建設したのは、まず都市を一つ丸ごと。シャプールによって、「グンデシャプール」（ペルシア語で「シャプールの武器」という意）と名づけられた。

ローマ帝国の都市のように、軍団基地を模した四角形だったらしい。

このほか「ダム兼橋」を三つ建設している。いずれもシュスタールの街の近郊にあり、周囲に水を供給した。近代まで機能しつづけていたのがそのうち最大の「バンディ・カイザル」（「皇帝の橋」の意）で、全長は五五〇メートル、橋脚は四十一本あり、そのうちの三十五本までが、建設当時のオリジナルだったという。

〈専門家が見て最も驚嘆するのは、河底の状態のケース・バイ・ケースな活用のしかたとその堅牢化のための工事、そしてさらに、橋脚工事の的確であることと、水をせき止めたり流したりするためのシステムの合理性であるという。なにしろ、一千七百年もの歳月、その間に起きたであろう数多《あまた》の洪水にも負けずに立ちつづけていたのである。ローマの捕虜たちも、自尊心ならば充分に維持できたであろうと思う。彼らならば、その辺の樹木を切り倒した木材で手っとり早く橋をつくれ、とでも命令されたら、そのようなものをつくるくらいならば死を選ぶ、と言い返したかもしれない㉝163〉。

それにしてもローマ兵は凄い。しかしシャプールは、捕えてから活用を考えたのではなく、もしかしたらインフラ整備のために一網打尽にしたのではなかろうか。

これぞローマ人の教え（二）

「今われわれは、かつては栄華を誇った帝国の滅亡という、偉大なる瞬間に立ち合っている。だが、この今、わたしの胸を占めているのは勝者の喜びではない。いつかはわがローマも、これと同じときを迎えるであろうという哀感なのだ」⑤200

陥落するカルタゴを前にして、スキピオ・エミリアヌスが涙ながらに語った言葉。〈盛者《じょうしゃ》は常に必衰であることを、歴史は人間に示してきたのだった〉⑤200

「子は、母の胎内で育つだけでなく、母親のとりしきる食卓の会話でも育つ」⑥29

「ローマの女の鑑《かがみ》」と讃《たた》えられたグラックス兄弟の母コルネリアの言葉。未亡人だった彼女は、子育てに専念したいという理由から、エジプト王からの求婚を断ったという逸話もある。

ローマ人の物語XIII

最後の努力

文庫 35・36・37

紀元三世紀末、未曾《みぞう》有の国難の連続に混迷を極めていたローマ。ここに二人の皇帝が現れ、それぞれの方法で帝国の再建を試みた。

ディオクレティアヌスは、帝国の分担統治を実施し、広大な領土の効率的な防衛により、秩序の回復を目指す。

次に登場したコンスタンティヌスも軍事的才能を発揮し、北方蛮族の掃討に成功。権力抗争にも勝利し、新しき首都、新しき政体、新しき宗教により、帝国の再生を目論む。

しかし彼らの努力は、ローマから「ローマらしさ」を失わせ、皮肉にも帝国の衰退を促す結果を生むのだった——。

＊　＊　＊

二八四年、ヌメリアヌス帝の警護隊長だったディオクレティアヌスは、兵士たちの推挙により皇帝となる。だが東には積年の宿敵である大国ペルシア、南北に諸蛮族、そして帝国内にはガリアの盗賊集団と、登位直後のディオクレティアヌスは多くの敵に囲まれていた。

これを一人では解決不能とみて、自身は東方の問題解決に当たる一方、腹心であった将マクシミアヌスをガリア、ブリタニア、ヒスパニア、そして北アフリカの西方を担当する、もう一人の皇帝へと昇格させたのである。

〈手中にしたばかりのローマ帝国の皇帝という最高権力を、早くも他者に分与するなどということは、普通ならばやらない。だが、ディオクレティアヌスはそれをやった。（中略）「二頭政《ディアルキア》」のはじまりであった㉟31〉

ディオクレティアヌス

そして〈ディオクレティアヌスの登位からならば八年間で、当面の問題はひとまずにしろ解決したのである。帝国の東方と西方を二人の皇帝が分担して担当する、「二頭政《ディアルキア》」と呼んでもよいシステムが機能することを実証したのだった。だが、四十七歳になっていたディオクレティアヌスは、さらにその上をいくシステムづくりを考えていたのである㉞46〉。それは帝国の東方と西方それぞれに正帝と副帝を置き、四人の皇帝が防衛を分担するという統治システムであった。この「四頭政《テトラルキア》」には、副帝を次期正帝と位置づけることで、皇位継承をめぐって生じやすい内乱を回避するという目論見もあったのである。

「四頭政」の光と影

〈皇帝は四人とも、前線である防衛線に近い地点に本拠を置くことで敵に睨《にら》みを効かせるのが四頭システムの特質だったが、この戦略の効果は誰の眼にも明らかだった。三世紀のローマ人を絶望に落としこんでいた、蛮族がもたらした大規模でしかも国内深く攻めこまれることによって生じていた惨状は、あれはいつのことかと思うくらいに姿を消したのである。とは言っても、防衛線の彼方にまで攻めこんで勝つことで防衛線《リメス》を堅持するという、一、二世紀当時の状態にもどすことまではできなかった。だが、大挙してライン河やドナウ河を渡って侵攻してくる蛮族に、ようやく反撃に出たローマ軍が撃退するまでの間暴虐《ぼうぎゃく》のかぎりをつくされるという三世紀は、過去になったのだった㉟55〉

　一方で平和の代償は大きかった。

〈皇帝ディオクレティアヌスは、軍事力を増強することで、蛮族の侵入をくい止める

ヴェネツィア、サン・マルコ広場の四頭像

聖母マリアと天使と殉教者の教会（ローマ）。ディオクレティアヌス浴場の一部を転用。三千人を収容できるこの大浴場は、在位二十年を記念してディオクレティアヌスより市民に贈られた

のには成功した。しかし、軍事力の倍増に加え、税を納める人の数よりも税を徴収する人の数のほうが多くなった、という同時代人の言葉にも示されるように、官僚機構の肥大化にも、〝成功〟してしまったのである。兵士と官僚という、国庫から給料を払う人間の数が増えたのだ。その結果、国家が必要とする経費が、少なく見積っても二倍、悪くすれば四倍に増大したのである〈35 156〉

また通貨改革、価格統制などの経済政策も行うが、失敗に終わり、人々が重税やインフレに苦しむ治世となってしまう。

そうしたなか、三〇五年、ディオク

ディオクレティアヌスの別邸の復元図（クロアチア）。〈この海岸に接して建てられた一辺が百メートル以上もある四角形の、「別邸」でも「宮殿」でもなく「城塞」と呼ぶしかない広大な建物が、ローマ帝国を元首政から絶対君主政に変えた男の終の棲家であった㉟209〉

レティアヌスは二十年の統治の後、後継者の四人の正帝と副帝を決めた上で引退した。ローマ帝国史上まったく前例のない、皇帝自らの意思による退位だった。

〈ローマ皇帝の日常は心労と激務の連続なので、体力に自信があったトライアヌスやハドリアヌスでも、二十年も皇帝の任にあれば寿命のほうも自然に尽きるのである。ディオクレティアヌスも、死にはしなかったが疲労は重く感じていたのかもしれない。年齢も、六十歳に達していた㉟200〉

　だが安泰なはずの晩年、不幸が彼を襲うのである。

葬り去られたローマ的「特質」

ディオクレティアヌス指名の第二次「四頭政」だが、西の正帝の突然の死により、わずか一年で崩壊してしまったのだ。すぐに六人の皇帝が乱立する事態に陥り、帝国は再び混迷と内戦に突入する。

三一三年、コンスタンティヌスとリキニウスの二人が勝ち残った。両帝は同年六月、史上有名な「ミラノ勅令」を公布する。徐々にローマ帝国を侵食していたキリスト教の公認に踏み切ったのだ。

〈ローマ帝国では、後期に入ってもなお、多人種・多民族・多宗教・多文化の帝国であったことでは変わりはない。そして、すべてが多様であるこの大帝国は、「ローマ法」と「ローマ皇帝」と「ローマの宗教」というゆるやかな輪をはめることによって、まとまりを保ってきたのであった。（中略）「ミラノ勅令」は、そのうちの「ローマ宗教」という輪をはずしたのだ㊱134〉

三二四年、リキニウスとの戦いを制したコンスタンティヌスは、ついに唯一の皇帝となり、内戦を終結させた。ローマを離れ、自らの名を冠して建設した新しき首都コンスタンティノポリスに本拠地を移し、新しき宗教による新生ローマ帝国を創生して行こうとする。

〈コンスタンティヌスの行ったことは、ローマ的なる「特質《クオリティ》」を完全に葬り去ったことであった。（中略）コンスタンティヌスの時代は、キリスト教勢力はあくまでも少数派であり、それ以外の多くは、どちらかを選べと言われればやはり、ローマの伝統を重んずる人々であったのだ。この人々が多数を占めていたからこそ、コンスタンティヌスには、この人々の非ローマ化を、巧妙にしかも執拗《しつよう》に進める必要があったのである㊲12〉

コンスタンティヌス

コンスタンティヌスはキリスト教を振興する政策を次々と行った。まずは歴代の皇帝が継承してきた私有地を、キリスト教会に寄付した。内戦につぐ内戦で疲弊した自作農家が土地を手放し、皇帝がこれを吸収していたもので、膨大なものであった。また、キリスト教会の聖職者は、兵役を免除した。これらのことは、教会と聖職者たちの、ローマ

コンスタンティヌスの凱旋門

帝国からの独立をも意味していたと言える。

〈ディオクレティアヌスとコンスタンティヌスの二人の皇帝によって、ローマ帝国は再生したとする研究者は多い。だがこの二人は、ローマ帝国をまったく別の帝国に変えることによって、ローマ帝国を起《た》たせておくことには成功したのである。もしもこの二人がいなかったならば、帝国の終末は早くも三世紀末に訪れていたかもしれない。しかし、帝国をひとまずにしても起たせておけた歳月は、百年足らずにすぎないのである[37 136]〉

　コンスタンティヌス大帝後の帝国は、再び内戦へと向かうのだった。

column

なぜコンスタンティヌスは、キリスト教を公認したのか？

　コンスタンティヌスが後に「大帝」と呼ばれるのは、ひとえにキリスト教を公認したがゆえである。寛容が身上の多神教国家ローマの皇帝が、キリスト教以外のいかなる選択も認めない排他的な宗教を公認したのだ。そしてその上、多大に優遇までしている。なぜだったのだろう。

　話は「危機の三世紀」から続く政治不安に端を発する。

〈コンスタンティヌスも、政局安定が帝国維持の鍵であることはわかっていたのである。しかしこの皇帝は、彼の治世下では軍事力の配置すらも、国境でもある帝国の「防衛線《リメス》」ではなく、彼自身が直接に率いる軍勢の強化のほうに重点を置くように変えた、と言われた人でもあった。政局安定も、帝国の利益よりも自らの家系の存続を重視したがゆえであったとしても、最初の中世人と言われるコンスタンティヌスならばありえたことだと思う㊲119〉

　そして現実世界、つまり俗界における統治ないし支配の権利を君主に与えるのが、

「人間」ではなく「神」である、とする考え方の有効性に気づいたのである。
〈コンスタンティヌスの驚嘆すべき政治センスの冴《さ》えであった。委託でも、また一転してリコールでも、それを決める権利は「可知」である人間にはなく、「不可知」である唯一神にあるとしたのだから[37/122]〉

キリスト教では、神意は聖職者を通して伝えられる。つまり、世俗君主に統治の権利を与えるか否かの「神意」を人間に伝えるのは、司教ということになるのだ。そうなれば、あとは司教たちを懐柔するだけである。教会を財政的に支援し、多大に優遇しておけば、司教階級の懐柔は難しいことではなかった。

かくして、
〈統治ないし支配の権利は、「人間」が与えるのではなく「神」が与えるとしたことによって、歴代のローマ皇帝たちを良きにつけ悪《あ》しきにつけ悩ませてきた事柄を、一挙に解消することになった（中略）。ローマ人が常に胡散臭い想いで見てきた皇帝位の世襲も、それがいかに能力のない息子に継承されようと、その理由づけに苦労する必要はもはやない。

すべては、次の一句、「お前たちをわたしやわたしの息子が統治するのは、お前たちの意志によるのではなく、お前たちの信仰する至高の神の御意志によるのだ」と言

いさえすればよいのだから。つまり、「神がそれを望んでおられる」と言えばそれで済むのであった㊲128〉

しかしコンスタンティヌスがキリスト教に本当に帰依していたという証拠はない。死ぬ直前に洗礼を受けはしたが。そしてこれほどまでして確立しようとした自らの子孫への支配権の神授も、息子の世代で断絶してしまうのだった。

イスタンブールのアヤ・ソフィアの壁面を飾るモザイク。聖母マリアと幼児のキリストに、コンスタンティヌスが帝都コンスタンティノープルを捧げている

ローマ人の物語XIV
キリストの勝利

文庫 38・39・40

キリスト教の公認に踏み切った大帝コンスタンティヌス。その死後ライバルを蹴落とし、単独の皇帝となった次男コンスタンティウスは、父の遺志を引継ぎ、さらなるキリスト教の振興に努めた。ところが次帝ユリアヌスは、ローマを支えてきた精神の再興を目指し、伝統的な多神教を擁護するなど、正反対の政策をとろうとする。しかしその生涯は短命に終わった。

続く皇帝たちにより、ローマのキリスト教化は一層進む。そして皇帝テオドシウスがキリスト教を国教と定めるに至り、キリスト教の覇権は決定的となる。だが帝の背後には一人の司教の存在があったのだ。

* * *

紀元三三七年、コンスタンティヌスがただ一人の皇帝としての十三年の治世ののち、ついに没する。死後は帝国を五分し、息子であるコンスタンティヌス二世、コンスタンティウス、コンスタンスと、甥のダルマティウスとハンニバリアヌスに分担統治をさせると公表した後のことだった。

ところがすぐさま、甥の二人が虐殺される。
〈大帝の死の直後に行われた粛清を背後から糸を引いていたのは、非常に高い確率でコンスタンティウスであったと思われる。当時は二十歳だったこの次男は、いとこ二人を殺せば帝国は実の兄弟三人のものになると考えて、虐殺を断行したのだろう。実際そのようになったのだが、兄弟三人の分担システムは三年と続かず、まず長兄が殺されて退場し、その十年後には末弟も殺されて、残るは彼一人になってしまったのである㊳74〉

しかし彼は副帝を必要とした。
〈ここに至ってコンスタンティウスは、思い出した、のではないかと思う。父の大帝

コンスタンティヌス二世

コンスタンティウス

コンスタンス

の死直後の粛清で殺された近親は、ハンニバリアヌスとダルマティウスの二人の「カエサル」にこの二人の父と叔父だったが、この叔父には年少の息子二人がおり、生き残ったこの少年二人は、小アジアもアルメニアに近い山の中にある城塞に送りこまれて、キリスト教の司教の厳しい監視の下、事実上の幽閉生活を送っていたのである㊳76〉

　コンスタンティウスはその二人を召還し、まず兄ガルスを副帝に任命するも、皇帝暗殺を企てたとして処刑。今度は三五五年、弟ユリアヌスを副帝に指名し、ライン河防衛線へと送る。兵力も資金も満足に与えられなかったが、意外やユリアヌスは北方蛮族撃退に成功。さらに大胆な改革も行い、ガリアに久々の「パクス」を取り戻す。
〈戦場での指揮経験がないだけでなく、少数の兵すらも率いたことがない。政治面でも、まったくのシロウトであったことでは変わりはない。それでいて、軍事・政事ともになぜ成功できたのかと、研究者でさえも問わずにはいられないのである。なぜ、若輩の未経験者なのに、突然に与えられた副帝の責務を、誰もが予想しなかったほどに成し遂げたのか、と。（中略）私の想像するには、責任の自覚と、任務をつづけていく過程で生じてきた高揚感、ではなかったかと思う㊳206〉

　やがて若き副帝は将兵や民衆の心を摑んでいく――。

キリスト教優遇策の全廃

〈「ユリアヌス、アウグストゥス！」

そのまま兵士たちは、ユリアヌスを載せた盾を前後左右からかついで、練り歩き始めた。「ユリアヌス、アウグストゥス！」と叫びながら。

「ユリアヌス正帝《アウグストウス》！」の声は、またたくまに兵士たちの間に広がり、その声は、全員の賛同をあらわすかのように一つになった。兵士の一人が、自分の首にかけていた金の鎖、ローマ軍では戦功のあった兵士への褒賞品の一つである金鎖をはずし、盾の上で、振り落とされないようにするだけで精いっぱいのユリアヌスの頭上に、まるで帝冠でもあるかのように載せた。その瞬間、正帝ユリアヌスと叫ぶ声は、ローマ時代はセクアナ（Sequana）河と呼ばれていた、セーヌ河の向う岸にまで届くほどの大歓声になった[39][46]〉

ユリアヌス

こうしてガリアでは、四年の歳月をともに戦った兵士たちが、ユリアヌスの正帝擁立を決心していた。東方のコンスタンティウスはこの動きを鎮圧するために西に向かうが、突然病に倒れ、三六一年、ついにユリアヌスは皇帝となる。

ただ一人の最高権力者へと登位したユリアヌスは次々と改革を断行。先帝たちの定めたキリスト教会優遇策を全廃し、キリスト教が排撃したギリシア・ローマ宗教の再興を目指した。

〈三十歳という若さで帝国最高の権力者になっていながら、ユリアヌスには、眼に見えない何かに急き立てられているようなところがあった。自分が今やらなければ時代の方向は決まってしまう、とでもいうような使命感に駆られていたのかもしれない。たしかにその心配は事実であり、彼の意図した改革は、多くの分野で既得権層の強硬な反対に出会い、表立っての反対でない場合でも、サボタージュは限りなかった。それでもユリアヌスは、人べらしをしたおかげでスカスカになってしまった皇宮で、帝位就任の祝宴も皇帝ならば当然と思われていた諸々の奢侈《しゃし》もしりぞけた中で、法律を、つまり政策を、次々と発令し実施していったのである㊴84〉

だが、そのユリアヌスも三六三年、ペルシア戦役中に負傷してあっけない死を迎える。定めた政策の多くは次帝ヨヴィアヌスが無効とし、すべてはユリアヌス以前の状態に戻される。ユリアヌスの努力は水泡に帰したのだった。

〈宗教が現世をも支配することに反対の声をあげたユリアヌスは、古代ではおそらく唯一人、一神教のもたらす弊害に気づいた人ではなかったか、と思う㊴178〉

「羊飼い」と「羊」

ユリアヌスの死後に復活したローマの親キリスト教路線は、グラティアヌス帝とテオドシウス帝によりふたたび強化される。この二皇帝は、高級官僚出身のミラノ司教アンブロシウスの強い影響下にあった。

〈アンブロシウスは、二十年の高級官僚の経験から、権力者のどこを突けば、彼らをより強い影響下に置くことができるかを熟知していたのである。それは、彼らが何を最も必要としているかを見出すことであり、そしてそのことを、他の誰にも、同輩である司教たちにも、不可能なほどに巧みにやって示すことであった㊵72〉

そして三八八年、テオドシウスによりギリシア・ローマ宗教の廃絶が元老院で採択される。

〈一千年以上にわたってローマ人から最高神と敬われてきたユピテルには、まるで生

ミラノ司教アンブロシウス

身の人間に対してのように有罪が宣告された。そして、ローマ人の信仰の座には、ユピテルに代わってキリストが就くことが決まったのだ。これは、ローマ帝国の国教は、以後、キリスト教になるということの宣言であった㊵124〉

〈すべては、ミラノ司教アンブロシウスの、考えたとおりに進んでいたのである。洗礼を受けたことによってキリスト教徒になったテオドシウス帝は、まるで従順な羊のように、アンブロシウスという羊飼いの導くままに、皇帝だからこそ可能な立法によって、ローマ帝国のキリスト教国化を成し遂げたからであった。

だが、アンブロシウスには、それでもまだ不充分であったのだ。神と皇帝との関係をキリスト教徒たちの前に明確にする課題が、まだ残っていたのである。言い換えれば、皇帝権に対するキリスト教会の優位を、はっきりとさせることであった㊵129〉

アンブロシウスは、暴動鎮圧のため出動した軍により多くの市民が犠牲になった事件を利用する。出動を命じた皇帝に罪があるとし、公式の謝罪を求めたのだ。テオドシウスは求めに応じ、質素な身なりで、司教冠を被り礼装したアンブロシウスの前にひざまずき、許しを乞う。

〈ローマ帝国皇帝とミラノ司教の間に展開したこのドラマは、教会の外でも内でも、大勢の人々が見守る前でくり広げられたのである。これほどに、現世の権力者に対する神の力を誇示したショーもなかった㊵134〉

テオドシウス

〈いったんキリスト教徒になれば、皇帝といえども一匹の羊にすぎない。「羊」と「羊飼い」では、勝負は明らかであったのだ。

　ミラノ司教アンブロシウスは、キリスト教と世俗の権力の関係を、実に正確に把握していたのにちがいない。皇帝がその地位に就くのも権力を行使できるのも、神が認めたからであり、その神の意向を人間に伝えるのは司教とされている以上、皇帝といえども司教の意に逆らうことはできない。これが、両者の関係の真実である、と。四十代の半ばになって洗礼を受け、高級官僚から司教に転身した人にしては、いや、そのような前歴をもった人だからこそかもしれないが、見事なまでの洞察というしかなかった㊵135〉

アンブロシウスによって、キリスト教会の基盤は確立される。

こうしてキリストはギリシア・ローマ的な多神教に対して、そして皇帝に対しても勝利することになった。

後年テオドシウスは、キリスト教国教化の功績により、大帝と呼ばれることとなる。コンスタンティヌスに次いで二人目のことであった。

column

四世紀末の最新蛮族事情　蛮族は居座り、そして定住する

〈「フン族は、蛮族中の蛮族である。食物も、火を使って料理することを知らず、他のものを加えて料理することも知らない。肉も、馬を駆るときに股《また》の間にはさんで熟成させた後に生《なま》のままで食する。

背丈は低いが体格は頑丈で、動作はきびきびとすばしこい。彼らの顔は、人間の顔というよりも、平べったいだけの肉の塊《かたまり》であり、二つの黒い点が動いていることでそれが両眼とわかる。髭《ひげ》はほとんどない（略）」

黒海の北西部には、四世紀のこの当時、ゴート族の一部族であるオストロゴート族が住んでいた。そしてこの一文は、そのゴート族の一人が書き遺した記録である。つまり、蛮族による蛮族評、というべきものだが、フン族は登場当初から、蛮族仲間からも怖れられていたことを示している[40/26]〉

このフン族に襲撃されたオストロゴート族が、南西の方角に逃げて玉突きのようにヴィジゴート族を襲い、ドナウ河の河口の彼らの居住地を奪ってしまう。

ゴート族の兵士。225頁で紹介したルドヴィージの石棺の一部

ヴィジゴート族はローマ皇帝に使節を送り、ローマ領のドナウ河南岸に居住地を与えてくれるよう懇願する。その代わりに強壮な男たちがローマ軍に入り、他の男たちと女子供は農耕に従事すると申し出て、移住は認められる。

ところが当初十万と見られていた移住民が三十万に増えるに至って、トラキア管轄区の受け入れ態勢が破綻。ゴート族移住民も次第に不満を募らせ、周辺の村落を襲撃し始める。

そしてついに、ハドリアノポリスの近郊でローマ軍とゴート族が激突。結果としてローマ軍は全軍の三分の二の兵を失い大敗。ヴァレンス帝が焼き殺される事態を招く。

〈ローマ人が蛮族に大敗を喫したのは、この「ハドリアノポリスの戦闘」が初めてではない。また、総司令官でもある皇帝の戦死で終わった敗戦も、このときが初めてではなかった。それもしかも、敵地ではなく自国の領内で。

百年昔にデキウス帝が、敵も同じゴート族を相手に大敗を喫し、彼だけでなく息子まで戦死したときの戦闘も、戦場は同じバルカン地方であったのだ。だが、これまでのローマ人は、これほどの敗北の後でも雪辱を果し敵を追い出すことに成功してきたのだった。それが、このとき以降は変わってくる。紀元三七八年の「ハドリアノポリスの戦闘」は、ローマ帝国のゲルマン化が、もはや留めようもない時代の流れであることを明らかにしていくのである。そして、ちがいがあるとすればそれは、暴力的なゲルマン化か、それとも平和裡でのゲルマン化か、でしかなかった。なにしろ、追い払うことはもはや不可能になったのだから㊵41〉

この後帝位についたテオドシウスは、ヴィジゴート、オストロゴートの両部族に定住地を与え「同盟部族」として自治権まで与える。しかし、

〈これによって帝国に住む他の人々の生活が安定し少しは楽になったかと問われるならば、答えは完全にノウである。ゴート族はここしばらくは襲って来なくなったとしても、ドナウ河の北には他のゲルマン民族は健在で、彼らはあいも変わらずローマ領への侵入と侵略をやめなかったからだ。いかに働いても、襲ってきた蛮族に収穫を奪われ、親兄弟から仕事を助けてくれる奴隷までが拉致《らち》される生活は変わらなかったのだ㊵57〉

帝国の終焉は着実に近づいていた。

ローマ人の物語XV
ローマ世界の終焉

文庫
41・42・43

紀元三九五年、皇帝テオドシウスは四十八歳にして病のうちに死す。軍勢を率い国土の防衛に力をつくした、十六年に及ぶ激務の果ての死であった。

テオドシウスは、帝国の東方を長男アルカディウス、西方を次男ホノリウスに残す一方、蛮族出身の将軍を後見人に指名する。

将軍スティリコが託されたのは、かつての栄光や繁栄からはかけ離れた無残な帝国であった。

それでも帝国存続のため、「最後のローマ人」は孤軍奮闘する。

しかし運命の歯車は止まらない。この後一世紀も経ぬうちに、あのローマ帝国は滅びて行くのだった。

＊　＊　＊

兄弟による分担統治という先帝の望みとは裏腹に、東と西のローマは次第に分離の道を進んで行く。

そして西ローマが滅亡へとひた走る五世紀、登場する帝国最後の主人公たちの多くは、帝国の内であろうと外であろうと「蛮族《バルバルス》」であった。

まず、少年皇帝ホノリウスに代わり西ローマを実質的に取り仕切るスティリコ。彼は、ローマ化し、ローマ軍で軍務についていた蛮族を父に、ローマ人を母に持つ、言わば「半蛮族《セミ・バルバルス》」であった。

スティリコ

そして西ローマを滅亡に追い込む側の蛮族。これまでの蛮族侵攻は〈同じゲルマン民族内の部族間での「押し、押し出され」であったのだった。それが四世紀末ともなると、アジア系の民族であるフン族の登場で様相が一変したのだ。フン族は、ゲルマン系の蛮族ですら〝蛮族《バルバルス》〟と呼んで怖れたくらいに獰猛《どうもう》で、殺されたくなければ逃げるしかなかった。五世紀に入ってからの蛮族の侵攻は、大挙して侵入してくることでは同じでも、より真剣勝負の様相が濃厚だった㊶121〉。

激化する諸蛮族の侵入に加え、北アフリカでの反乱、農業生産性や帝国経済力の低下など、帝国が直面する諸問題を、皇宮にこもりきりのホノリウスに代わり、スティリコは一人で解決しなければならなかった。

しかし四〇八年、状況打開のためにスティリコが進めた西ゴート族との同盟交渉が明らかになると、皇宮内では一挙に反スティリコの機運が高まる。「半蛮族」であるスティリコが、ローマ帝国を蛮族に売り渡そうとしていると考えられたのである。良好だったホノリウスとの関係までが突如冷却。ついにスティリコは重大な決断を迫られる。

〈テオドシウス帝に抜擢《ばってき》されて以後の二十五年を、一貫して彼は「ローマ人」(romanus)として生きてきたのである。しかも、テオドシウスの死後の十三年は、幼少の皇帝を守《も》り立てながら、西ローマ帝国の防衛に専念してきたのだった。同時代人の誰よりも「ローマヌス」と思い、そのローマ帝国を守ってきた彼が、今兵を挙げようものならそれは即、ローマ帝国を倒すことになる。そしてそれは、「ローマ人」ではなく、「蛮族」として行動することを意味していた。これが、彼には耐えられな

ホノリウス

かったのだ。四十八年間の「ローマ人」の後で「蛮族」にもどることが、耐えられなかったのであった㊶217〉

スティリコはホノリウスとの会見に賭け、ラヴェンナへ向かう。だが皇帝は顔すら見せず、国家反逆罪による死刑を宣告。紀元四〇八年八月、斬首刑が執行された。

〈スティリコの生涯は、こうして終わったのである。遺体の行方もわかっていない。ゆえに墓もない。後世の歴史家の一人は書いている。二十八年という長きにわたったホノリウスの治世の中で、この皇帝が自分で決めた唯一のことが、スティリコの処刑であった、と㊶222〉

スティリコ亡き後、当然の結果として西ローマはひたすら蛮族に蹂躙《じゅうりん》され続ける。まずは四一〇年、西ゴート族がローマを劫掠《ごうりゃく》した後、ガリア南西部に侵入。ガリア北部と中部ではフランクとブルグンド、ヒスパニアではヴァンダルとスヴェビ、ブリタニアではアングロとサクソンの各蛮族が勢力を広げる。さらに四二九年、ヴァンダル族は北アフリカへ侵攻。四四二年にはヴァンダルの北アフリカ領有を西ローマが追認する。

四五一年には、フン族がついに登場。ライン河を渡りガリア中央部まで侵攻し、四五二年には北イタリア全域で暴虐の限りをつくす。四五五年、ヴァンダル族により再びローマが劫掠され「世界の首都《カプトゥ・ムンディ》」はすべてを奪われる。

そして四七六年、西ゴート族の族長オドアケルが皇帝ロムルス・アウグストゥスを退位させる——。

〈都市アテネなき都市国家アテネがありえないのと同じに、ローマなきローマ帝国はありえない。首都がコンスタンティノポリスでは、それはもうローマ帝国ではないのである。ましてやラテン語ではなく、ギリシア語を話すのでは。

その意味のローマ帝国は、やはり紀元四七六年に滅亡したのであった。（中略）ローマは、その後の歴史に現われる他の帝国とは、もう一つのことでも完全にちがっていた。他の帝国は支配下の植民地が次々と独立して行ったことで帝国ではなくなったが、ローマだけは、属州《プロヴィンチア》が離反したから帝国でなくなったのではない。怒濤《どとう》の如く襲ってきた北方蛮族の前に、属州もまた本国と運命をともにしたのである。本国と植民地の関係が支配する側と支配される側に厳然と分れることになる後代の諸帝国とはちがって、本国の民も属州民も同じ運命共同体に属すと考えたローマ人の帝国観は、それを「familia」と呼んだ彼らの言葉によく表われている。ローマ人は、運命共同体を、一大ファミリア、と考えたからであった。

この意味の帝国は、やはり滅びたのだ。いつ、ということもなく、それゆえに、

「偉大なる瞬間」を持つこともなしに〈㊷201〉

帝国以後《ポスト・インペリウム》

西ローマ帝国滅亡後、本国イタリアではオドアケルが王《レックス》を名乗り統治を始める。オドアケルは既存のシステムを徹底して温存し、ローマ人との共生に努めた。

〈「パクス・バルバリカ」の第一走者であったオドアケルのイタリア支配は、十七年もつづいたのであった。自前の兵力ももたずに蛮族出身の兵士たちの寄せ集めだけで、それもラヴェンナとその近辺の北東部イタリアに固まって住んでいたためにイタリア半島の他の地方には蛮族兵の姿も見えないという状態で、よくも十七年もの間統治しつづけられたものである。その間、帝国の他の属州ではしばしば発生した被支配者による反乱も起きず、イタリアから東ローマ帝国に難民として逃げた例も記録にはない〈㊸51〉〉

四九三年、そのオドアケルを倒し、王となった東ゴート族のテオドリックは、オドアケルの政策を継承。イタリア半島とシチリアでは平和《パクス》が続くのだった。

〈「パクス・バルバリカ」は、オドアケル支配下にあった十七年にテオドリックの三十三年間を加算すれば、西ローマ帝国の滅亡の直後から始まって半世紀にも及んだことになる。五十年間にわたって蛮族の来襲を心配することなく、しかもその間は満足いく程度の善政を享受できたのだから、イタリア半島があらゆる面で生気を取りもどしたのも当然であった。（中略）こうして、イタリア半島全域の人と耕地の活性化が進んだことで、当然ながら生産性も向上し、「蛮族による平和《パクス・バルバリカ》」のおかげで農産物の流通も回復していたので、イタリアの経済は再び上向きに変わったのである。減少する一方であった人口まで、二世紀ぶりに上向きに変わったという。「平和《パクス》」が、人間社会にとっての窮極《きゅうきょく》のインフラストラクチャーであることの証《あか》しであった㊸81〉

だがテオドリックの死後間もなくして、イタリアの平和《パクス》は終わる。旧西ローマ帝国領土の再復を目指す、東ローマ皇帝ユスティニアヌスの命を受けた軍勢が攻め込んできたためである。ゴート戦役と呼ばれたこの戦争は二十年近くつづき、五五三年、東ローマが勝利を収めたものの、その犠牲はあまりに大きかった。

〈ローマ帝国が健在であった時代は帝国の本国であったイタリアは、土地もそこに住む人々も、十八年もつづいたこの戦争によって、考えられないくらいの打撃と被害を受けたのであった。一世紀前の五世紀にくり返された蛮族の来襲よりも、自分たちとは同じカトリックのキリスト教を信ずるビザンチン帝国が始めたゴート戦役のほう

旧西ローマ領再復という野望のため、ユスティニアヌス（中央）は莫大な国費を戦争につぎ込んだ。次帝の〈ユスティヌス二世は、治世の初めに次のように言明している。「わたしの前で開けられた国庫には、多くの借金の証書以外には何もなかった。帝国の財政の現状は、絶望的とするしかない。軍資金が欠ければ軍事力を欠くことになり、このままでは蛮族に蹂躙されるしかなくなる」。これが、最大に領土を拡張し、最高の権勢を誇り、最も繁栄したと言われるユスティニアヌス時代の、東ローマ帝国ないしビザンチン帝国の姿であった ㊸ 213〉

が、イタリアとそこに住む人々に与えた打撃は深刻であったのだ。（中略）人口は激減し、土地は荒廃し、再興をリードできる指導層も消滅したのだから㊸208〉

しかも、苦しみはこれで終わらない。

〈イタリアとシチリアの住民たちは、十八年の戦争の後になおも、十五年の圧政に苦しむことになる。帝国の本国であったイタリアと首都であったローマの息の根を止めたのは、蛮族ではなく、同胞であるはずの東ローマ帝国であったのだった㊸209〉

この十五年後の五六八年、イタリアはロンゴバルド族の手に落ちる。一方ビザンチン帝国も七世紀には、イスラム勢に次々と領土を奪われて行くことになるのだった——。こうして、ローマ世界は終焉した。

column

オドアケルの政略《ストラテジア》
勝者蛮族と敗者ローマ人の共生

西ローマ帝国の歴史に幕を引いた四七六年当時、オドアケルは十万の勢力を保持していた。だが王として統治しなければならないイタリア半島にはその二十倍以上のローマ人が住んでいた。

〈少数の勝者で多数の敗者を統治しなければならない場合の鉄則は、既存の統治階級の温存、につきる。既成階級を変革したくとも、それは後に延期すべきで、当面やらなければならないことの第一は、既成階級を安心させることなのだ㊸20〉

オドアケルを支配者として迎えたイタリアのローマ人も、旧属州での蛮族の支配のやり方を聞き知っていたので、自分たちの運命も同じかと恐怖で打ちひしがれていた。だが〈オドアケルは、ガリアでもヒスパニアでも、もちろんブリタニアや北アフリカを支配するようになった蛮族ならば考えもしなかったほどラディカルな、敗者との完全な共生を政略《ストラテジア》の基本にすえたのである㊸37〉。

オドアケルは既存のシステムを徹底して温存する。ラヴェンナの皇宮の組織も首都

テオドリック

オドアケル

ローマの行政の役人もそのままで残した。元老院に至っては、温存どころか長く奪われていた銅貨の鋳造権を再び与えられた。

〈しかし、オドアケルはやはり、ローマ人ではなくゲルマン人であった。彼が実施した、少数の勝者で多数の敗者を支配する政略《ストラテジア》としては賢明と言うしかない政策のすべては、敗者との「共生」を考えてのものであって、敗者との「同化」を頭に置いて成された政策ではない。それは、彼が実行した、勝者であるゲルマン人と敗者であるローマ人の任務の分担、によく表われていたのである。

簡単に言ってしまえば、軍事は蛮族が担当し、行政はローマ人が担当する、ということだ。（中略）軍事力常備は絶対に必要であったし、武力によって勝者になった彼らにはそれを手離す気はなく、また、敗者になったローマ人と分け合う気もなかったのである㊸46〉

〈行政は、すでに述べてきたとおりに、敗者側に一任された。蛮族にはこの種の組織がなかったから、まかせざるをえなかったのだが、この面では勝者であろうとも口をはさまないという状況は、ローマ人側にとっては、敗者であるという現実を忘れさせる効用はあったにちがいない。これが、西ローマ帝国滅亡後の、勝者と敗者の「棲み分け」の実態である。これならば、「共生」は可能なのであった㊸47〉

テオドリックもオドアケルの路線を継承し、一層徹底させる。王宮や行政のトップにも、十五あった「州」の知事にもローマ人をすえた。地方自治の実務を担当するのは、上から下までの全員がローマ人で、要するに、〈テオドリックの時代になってもイタリアには、軍事を担当するゲルマン人と行政を担当するローマ人が、混じり合うことなく分離して、並存していたということであった。

だがこれは、混合でもなく同化でもなかった。（中略）平和的ではあったが、互いに侵蝕し合うことはなく、まるで二本の河が並んで流れるのに似た状態であったのだろう。これが、ゲルマン人の考える「共生」であったのかもしれない㊸70〉。

オドアケルもテオドリックもわかっていたのではないか。いかに敗者とは言え、一千年の間統治に優れた才能を発揮してきたローマ人を、蛮族に「同化」させるなど、できないということを。

第六部

グラフ

ローマ人と友達になるための美術館巡り

たとえば、美術館の一室で皇帝像と向かい合ってみる。ある皇帝は威風堂々、ある皇帝は傲岸不遜、またある皇帝は知性を漂わせ……。歴史のはるか彼方に生きた人物たちがぐっと身近に感じられるから不思議ではないか。

カピトリーノ美術館

歴代皇帝と一挙にご対面！［ローマ］

カピトリーノの丘は、古代には凱旋将軍が神々への感謝の祈りを捧げる場所だった。この丘に建つカピトリーノ美術館は、ルネサンス時代にミケランジェロが設計したカンピドーリオ広場をはさんで新宮、コンセルヴァトーリ宮という二つの建物に分かれている。

新宮の二階南端の「皇帝の間」には、皇帝・皇族像が全六十七体、ずらりと並ぶ。歴代皇帝と一挙に対面できるばかりか、女性の髪型の変遷などもわかるのが興味深い。同じ新宮二階北端の「剣闘士の間」には、著者が若きグラックスを想わせる、と描写している青年像（276頁参照）や、たおやかなアンティノーの立像がある。〈相当な数にのぼるアンティノーの彫像を見ていて感ずるのは、ゼロとしてもよいほどの知性の欠如である。美しさならば完璧で、そのうえまことに官能的だが、知力をうかがわせるものは影さえもない㉖67〉と著者はいうが、果たしてこの像はどうだろう。

「皇帝の間」の斜め向かいの小部屋には「カピトリーノのヴィーナス」が収められて

いる。四世紀末、テオドシウス帝によってギリシア・ローマの彫像は、邪教の象徴とされ徹底的に排除されたにもかかわらず、五体完全な形で現代にまで遺った好例として著者が挙げている作品だ。

〈それらを眼にするたびに、私の頭の中には一つの仮説が頭をもたげてくるのだった。それは、四世紀末に生きていた誰かが（中略）地中深く埋めたのではないか、という仮説である（中略）この傑作の価値をわかる人の手に渡る時代が来ることを夢見ながら㊵120〉

コンセルヴァトーリ宮では、著者が「至高の傑作」と呼ぶマルクス・アウレリウス騎馬像のオリジナルが見られる（207頁参照）。〈古代から現代までの二千年間に製作された騎馬像の正確な数は知らないが、たとえそれが何万になろうとも、マルクス・アウレリウス騎馬像の第一位には変わりはないと確信する㉙16〉。また、中庭に置かれたコンスタンティヌス帝の巨大な頭部や足、「勝利の間」のルキウス・ユニウス・ブルータス像（16頁参照）も見逃せない。

二つの建物を結ぶ地下廊下はタブラリウム（古文書庫）となっており、「シンマクスの石碑」をはじめ、貴重な碑文が多数収められている。

歴代皇帝や皇妃らの彫像が時系列に並ぶ「皇帝の間」

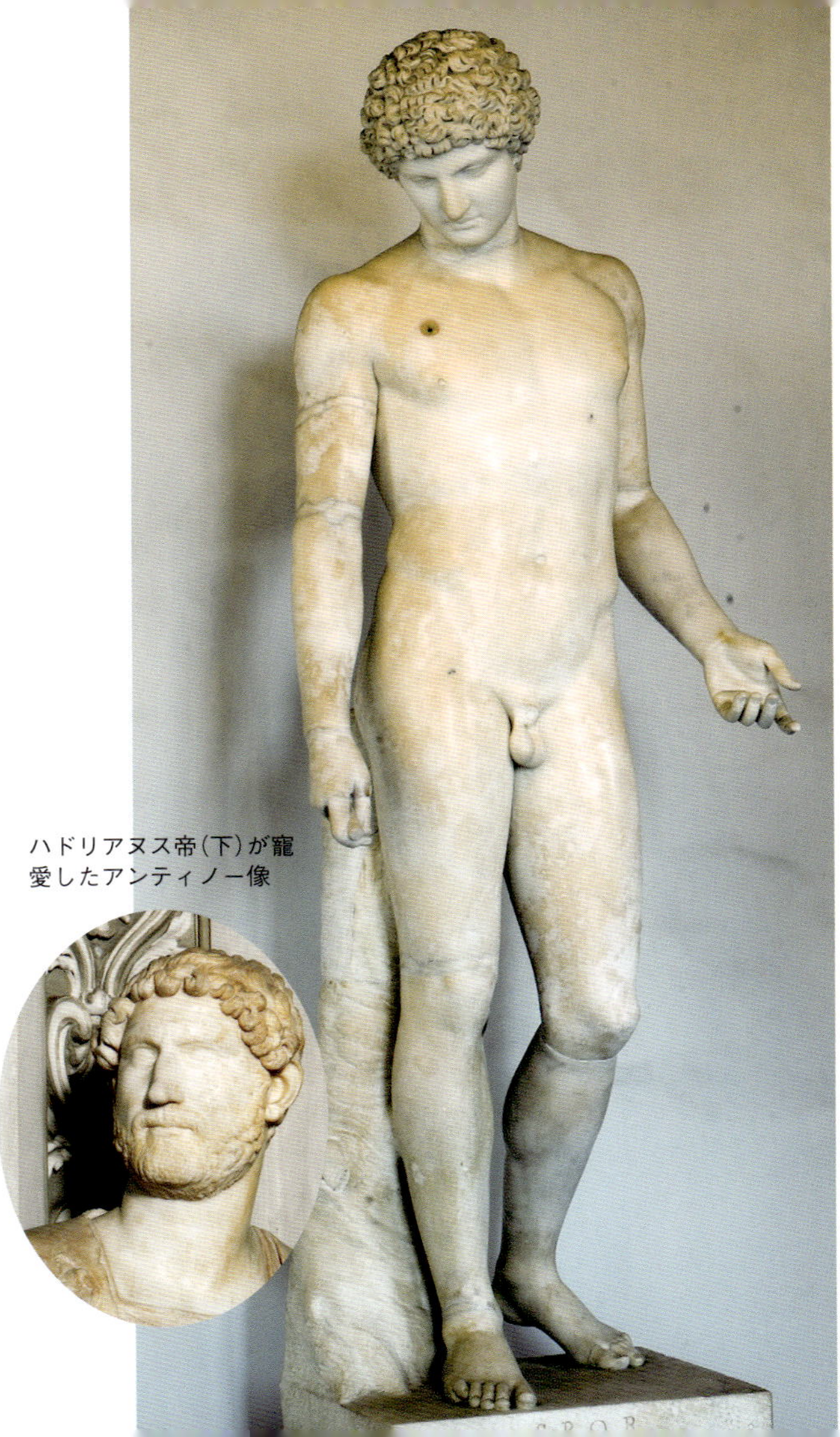

ハドリアヌス帝（下）が寵愛したアンティノー像

[上] 中庭にある巨大なコンスタンティヌス帝の頭部像
[左] ヘラクレスに扮したコモドゥス

カピトリーノ美術館（平面図）

新宮 2階
Palazzo Nuovo
市庁舎（タブラリウム）
Palazzo Senatorio (Tabularium)
コンセルヴァトーリ宮 2階
Palazzo dei Conservatori
剣闘士の間
Sala del
Gradiatore
カンピドーリオ広場
Piazza del Campidoglio
皇帝の間
Sala degli Imperatori
ヘラクレスに扮した
コモドゥス像
ヴィーナスの間
Gabinetto della Venere
「カピトリーノのヴィーナス」
「カピトリーノのブルータス」
（ユニウス・ブルータス）
マルクス・アウレリウス騎馬像
（広場に立っているのはレプリカ）

グラックスを彷彿させるアウグストゥス
時代の皇族の若者の像

D M
CMONNENIVS
SECVNDVSMIL
CHORXIIIIVRB
>CLAVDI
LMONNENI
SECVNDOFRATRI
SVOMI
>LVCRETIROMANI
ガイウス・モンネニウス・セクンドゥスという兵士が、同じく兵士だった兄弟ルキウスを悼んで建てた墓碑（２世紀）

マルクス・アウレリウス帝のレリーフ。「皇帝の慈悲」(右)と「皇帝の勝利」(左)

新宮とコンセルヴァトーリ宮を結ぶ地下廊下は、紀元前78年に建造されたタブラリウム（上）で、市庁舎は後年この上に建てられた（下）

カピトリーノ美術館
Piazza del Campidoglio 1, Roma
9:00-20:00
（12/24、12/31のみ-14:00）
休館日　月曜日、1/1、5/1、12/25
料金　€12（常設展示と企画展示の共通チケット）

アラ・パチス
初代皇帝アウグストゥスの生涯に触れる［ローマ］

紀元前一三年に着工し前九年に完成した「アウグストゥスの平和の祭壇《アラ・パチス・アウグスタエ》」は、〈アウグストゥスの努力による平和の到来を祝い、その平和が長くつづくようにと願うローマ人の想いの象徴でもあった⑮51〉。〈その名称からしても、白大理石を使った簡素な造りからしても、またそこにほどこされた浮彫に持たせた意味からも、健全で地道なアウグストゥスの人柄を、彼の造らせたどの公共建築より良くあらわしている⑮52〉。内陣への入口と出口以外の壁面は浮彫で埋められ、北面には元老院の有力者や政府高官らが、東面・西面には神々が彫られている。南面は、いわば「家族の肖像」。皇帝本人をはじめ、右腕であり娘婿でもあったアグリッパ、その息子で皇帝の初孫ガイウス・カエサル、妻リヴィア、二代皇帝ティベリウスらの姿が見える。フラミニア街道沿いに建てられたが、一九三六年、現在の場所に移築・復元された。

南面の浮彫。左から７人目の長身がアグリッパ、彼に寄り添う子どもがガイウス・カエサル、その隣にリヴィア、ティベリウス

祭壇を覆う建物は長らく改築中だったが、2006年、米国人建築家リチャード・マイヤーによって完成。そのモダンな外装が賛否両論を呼んでいる

アラ・パチス
Lungotevere in Augusta, Roma
9:00-19:00
休館日　月曜日、1/1、5/1、12/25
料金　€9

ローマ国立博物館マッシモ宮

「時代を映す史料」の宝庫［ローマ］

テルミニ駅から徒歩数分の場所にあるマッシモ宮。一階には「最高神祇官姿のアウグストゥス像」のほか、ユリウス＝クラウディウス朝の人々の像が多数所蔵されている。二階にはヴェスパシアヌス、ハドリアヌスら皇帝像や著者がその美しさを称えるアポロン像、三階にはアウグストゥスの妻リヴィアのヴィラやファルネジーナ荘の壁画、モザイクなどを展示している。また、地階には「時代を映す史料」として文庫版のカバーにも採用されているさまざまな貨幣のコレクションがある。さらに必見は「旅行用の銀製コップ」。「マイル塚」の形をしており、表面には宿泊施設や馬の交換所、都市名が刻まれている。〈このコップで水でも飲みながら、表面に刻まれた地名と距離数を眼で追っているローマ時代の旅人の姿を想像すると、微笑を誘われずにはすまないのである㉗194〉。

旅人を導いた銀製コップは地
階にある。ラテン語で地名や
距離などが刻まれている

最高神祇官姿のアウグストゥス

ファルネジーナ荘の壁画上部に描かれている港の風景

マッシモ宮
Largo di Villa Peretti 1, Roma
9:00-19:45
休館日　月曜日、1/1、12/25
料金　€7

ローマ文明博物館

古代ローマ史を立体的に再現［ローマ］

ファシスト政権時代に開発されたエウル地区にあるこの博物館は、模型・レプリカが中心とはいえ、古代ローマ史を体感するには格好の場所。全59室のうち14室はローマの誕生から六世紀までの歴史を辿り、残る45室では宗教、経済、軍事、生活にまつわる史料を展示している。現アンカラのアウグストゥス神殿の実物大模型（部分）や、トライアヌス帝記念柱のレリーフ、コンスタンティヌス帝時代のローマの二五〇分の一模型は迫力満点だ。また、幼き日のカエサルも習ったであろう「そろばん」や、ネロが大好きだった竪《たて》

「トライアヌスの円柱」(142頁)の各部レプリカが並ぶ回廊

琴《ごと》「チェトラ」、ローマ帝国の象徴ともいうべき「鷲《アクイラ》」の軍団旗など、物語に登場する重要な小道具も(復元模型とはいえ)目にすることができる。現在は曜日によって開いている室が異なるので、訪ねる前に確認しよう。

XXXVII室の壁面にはコンスタンティヌス帝の凱旋門側面の浮彫(奥)が飾られ、半地下に置かれたコンスタンティヌス帝時代のローマ復元模型(250分の1)を見下ろすことができる。この模型は「当時を実感するのに最適」と著者は語る

ローマ文明博物館
Piazza Giovanni Agnelli 10, Roma
火〜土曜 9:00-14:00
日曜 9:00-13:30
休館日　月曜日、1/1、5/1、12/25
料金　€7.5

ヴァティカン博物館
あの至宝にも出会える、充実のコレクション
［ヴァティカン市国］

さすが、歴代法王によるコレクションは膨大だ。ヴァティカンで『ローマ人の物語』を辿るなら、「ラオコーンの群像」があるピオ・クレメンティーノ美術館、古代ギリシア彫刻とその「ローマ時代の模作」が展示されているキアラモンティ美術館、「プリマポルタのアウグストゥス像」ほか皇帝像の居並ぶ新回廊《ブラッチョ・ヌオーヴォ》を中心に鑑賞すると良い。

著者がヴァティカンの「至宝」と呼ぶ「ラオコーン」は、黄金宮殿《ドムス・アウレア》跡に建てられた「トライアヌス浴場」を飾っていた彫像の一つとされている。

また、〈ローマ時代の模作が模作の域を超えるほどに素晴らしいのも、ローマ人のギリシア文化への愛と、得意とする人にはたとえその人が敗者であろうと任せるという、ローマ人に一貫した寛容の精神による㊵118〉のだという。

左右の壁龕に皇帝像の立ち並ぶ新回廊

「ラオコーンの群像」は、トライアヌス浴場を飾っていた。1506 年にエスクィリーノの丘で発見された

古代彫刻の逸品が並ぶピオ・クレメンティーノ美術館。上は「胸像の間」

ヴァティカン博物館
Viale Vaticano, Roma
8:45-16:00
休館日　日曜日、復活祭、復活祭直後の月曜日
料金　€15

ローマ国立博物館アルテンプス宮［ローマ］

ナヴォーナ広場から北へ歩いてすぐに位置する。十五世紀に建てられたこの優雅な館は、かつての所有者アルテンプス枢機卿の名で親しまれている。

大型美術館の派手さはないが、貴族の邸宅で主《あるじ》のコレクションを拝見しているような親密な気分を味わうことができる。

展示は古代彫刻が中心で、「グランデ・ルドヴィージの石棺」が二階にある。ローマ人と蛮族との壮絶なる闘いぶりが、生き生きと再現されたみごとな浮彫だ（225頁参照）。

ローマ国立博物館
アルテンプス宮
Piazza di Sant'
Apollinare, 48, Roma
9:00-19:45
休館日　月曜日、1/1、
12/25
料金　€7

ボルゲーゼ美術館

［ローマ］

旧市街の北に位置するボルゲーゼ公園は、都会の喧噪を逃れて安らぐのには絶好の場所だ。園内にあるボルゲーゼ美術館は、ルネサンスやバロック期の絵画や彫刻で知られているが、『ローマ人の物語』ゆかりの作品にも多数、出会うことができる。たとえば、剣闘士の試合を生き生きと描いた「剣闘士のモザイク」や、「アポロンとダフネ」はぜひ観ておきたい。歴代ローマ皇帝の胸像が展示された「皇帝のギャラリー」もある。

ボルゲーゼ美術館
Piazzale del Museo Borghese,Villa Borghese, Roma
8:30-19:30
休館日　月曜日
料金　€8.5

ナポリ国立考古学博物館

［ナポリ］

ギリシア・ローマ時代の彫刻やポンペイやエルコラーノからの出土品がめじろ押しで、考古学ファン垂涎の博物館だ。

神話を題材にした大理石彫刻「ファルネーゼの牛」は迫真に満ちていて、今にも動き出しそう。

文庫19巻のカバーを飾ったクラウディウス帝の貨幣のほか、ポンペイウス、ティベリウス、ドミティアヌスらの像にも出会える。ポンペイ市街の復元模型やアレクサンダー大王を描いたモザイクも見逃せない。

ナポリ国立考古学博物館
Piazza Museo, 19, Napoli
9:00−19:30
休館日　木曜日
料金　€6.5

ウフィッツィ美術館

［フィレンツェ］

ルネサンス芸術を代表する美術館にも、意外なことに古代彫刻の一室が設けられていて、ローマ皇帝たちの彫像が多数所蔵されている。オクタヴィアヌス、ティベリウス、ハドリアヌス、アントニヌス・ピウス、ディディウス・ユリアヌス、アレクサンデル・セヴェルス……。そもそも、〈ローマ人によって建てられるまで存在しなかった①38〉フィレンツェの街の成り立ちを考えれば、当然である。

ウフィッツィ美術館
Piazzale degli Uffizi, Firenze
8:15-18:50
休館日　月曜日、1/1、5/11、2/25
料金　€6.5

大英博物館

ローマ帝国の文化と生活が丸ごとここに！［ロンドン］

イタリアの美術館とともに是非紹介したいのがロンドンの大英博物館だ。七百万点もの収蔵品を保持し、古代ローマ関連の収蔵物も豊富。正面玄関を入るとすぐ左手にイギリスに関係の深い二皇帝、ハドリアヌスとセプティミウス・セヴェルスの胸像があるのでお見逃しなく。一階ではこの他展示室23に古代ローマ時代の彫像がある。

二階では展示室49が「ローマ時代のブリテン」という展示になっており、ブリテン島で出土したローマ時代の品々が見られる。展示室69には「ギリシアとローマの日常生活」。当時の生活が手に取るようにわかる。展示室70には「ローマ・都市と帝国」の展示があり、皇帝の胸像や立像、銀食器、ガラス器などが多数所蔵されており、高度な技術に圧倒される。地下の展示室77・78・83〜85では建造物、碑文、彫像が見られる。そして『ローマ人の物語』でも多数掲載されている貨幣のコレクションは世界最大。二階の展示室68でその一部を公開している。西側階段のローマ時代のモザイクも見事だ。

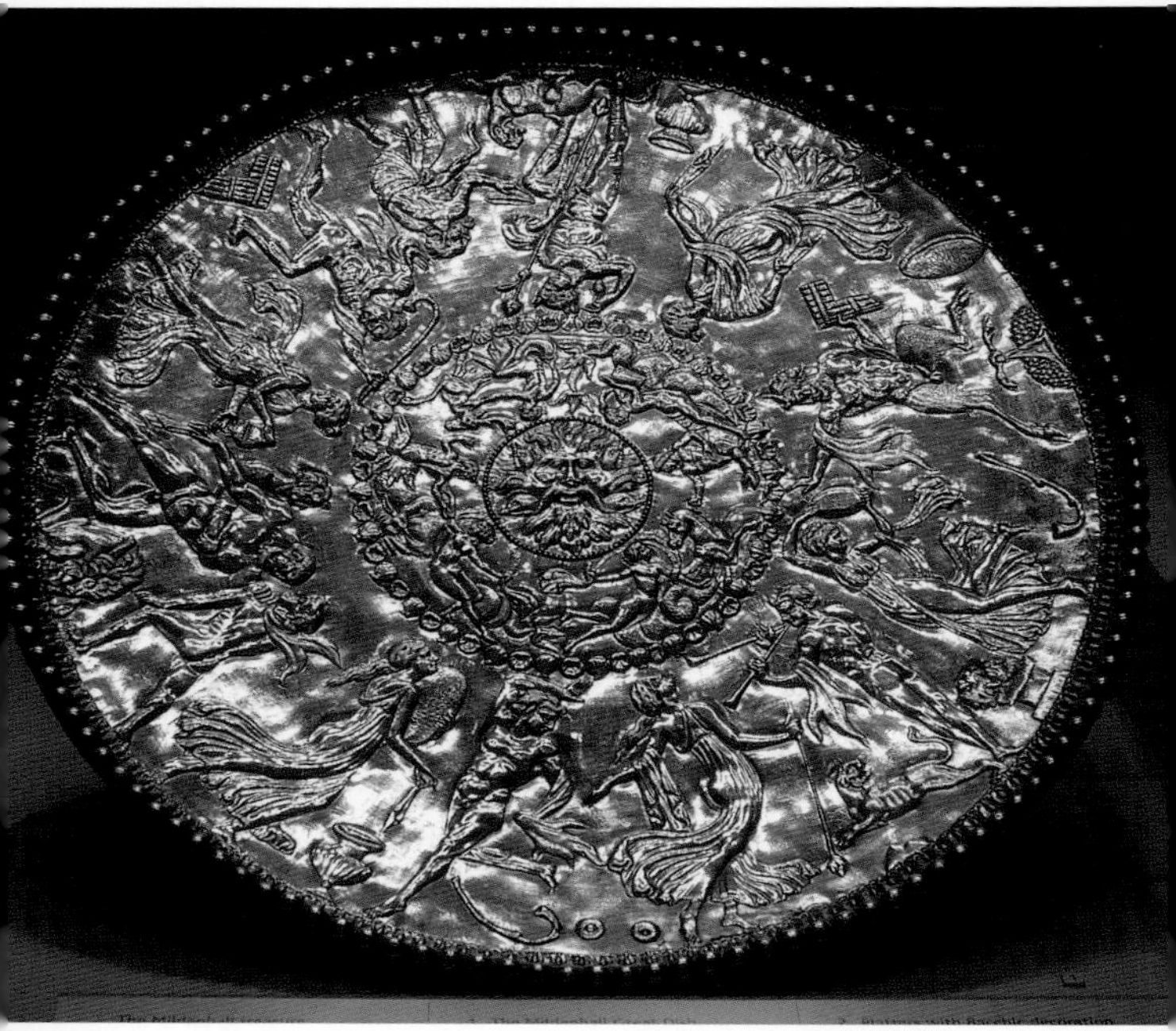

ミルデンホール遺宝の装飾大皿（展示室49）。椀、鉢、匙、柄杓などを含む銀食器コレクションのうちの最も美しいとされる1点。直径60.5cm。サフォーク州ミルデンホールの畑で1942年出土。駐ブリタニアのローマ軍高官に贈られた品ではないかと言われる

満期除隊した補助兵に与えられた銅製の市民権授与証（展示室49）。幅15.6cm。イングランド西部で出土。皇帝トライアヌスの名で紀元103年に発行され、スペイン属州出身のレブッルスという兵士に与えられている。属州民でも25年の兵役を務め上げればローマ市民権が与えられたのだ。この前に立つと証書を受け取ったレブッルスの感動が伝わってくる

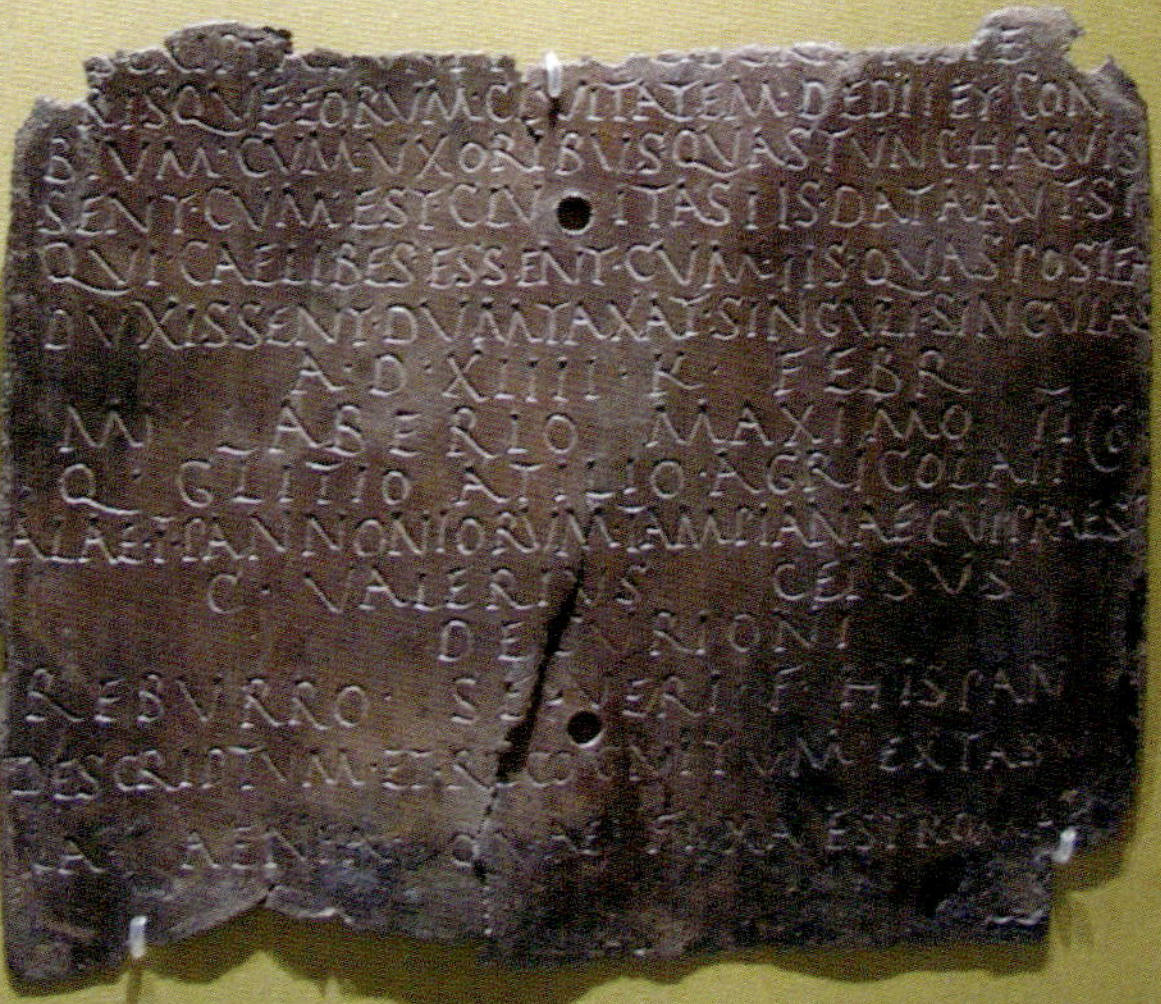

アウグストゥスのカメオ(展示室70)。初代皇帝はやはり美男！　縦12.8cm、紅縞瑪瑙製。紀元14-20年頃の製作

わずか11.5cmの小さなローマ軍団兵の像(展示室69)。トゥニカ(短衣)の上に鎧を着て兜を被り、革のサンダルを履いている。典型的なローマの歩兵の装束だ

大英博物館
Great Russell St., London, UK
土〜水曜　10:00-17:30
木、金曜　10:00-20:30
休館日　1/1、復活祭前の聖金曜日、12/24-26
料金　無料(特別展の場合、例外あり)

column

ポンペイ遺跡に見るローマ人の普通の生活③
「神さま、お願い！」

古来、ローマ人は多くの神々をもっていた。第二代ローマ王ヌマは、その神々にヒエラルキーを与え、神官組織を整備した。ただし、専任の神官は置かなかったため、自然に政教分離が定着したのである。

ローマ人にとっての神々は人間を正す存在ではなく、守る存在であった。その数は三十万にも上ったとされる。これは、〈ローマ人の具体的で現実的な性向の結果でもあった。また、ローマでは、他の民族の神々でも排除されなかった。それどころか、積極的に導入された。守り神なのだから、多ければ多いほど目配りがきくとでも考えたのかもしれない①70〉。戦いや農業、経済はもちろんのこと、発熱や腰痛の神、さらには夫婦喧嘩の守護神まで、ありとあらゆる神さまが、ローマ人の心の支えとなっていた。

後にカエサルは最高神ユピテルとその妻ユノー、ミネルヴァの三神をローマの主神と定める。〈ローマ人にとっての神とは、人間の生き方を律する存在ではなく、生き

廃墟と化したアポロ神殿の一隅
に立つブロンズのアポロ像

邸宅玄関に描かれた豊穣多産の神。巨大な男根が描かれている

方を律するのは法律と考えていたからだが、法律によって生き方を自ら律する人間を、保護しその努力を助ける存在なのである。こう考えれば当然の帰結だが、ローマ人は行くところどこにも神々を連れて行くことになる。統治や軍事や商用で属州に出向くローマ人は増える一方であり、植民して定着するローマ人も増加の一方であった。カエサルは、その人々のためにも、ローマの宗教なるものを明確にする必要があると考え⑫157〉たためだ。カエサルは三十七歳の若さで祭司たちの長「最高神祇官」に就任、死後は神格化されて神のひとりとなった。

やはり死後に神格化された初代皇帝アウグストゥスは、ローマの平和を神々に祈願する「世紀祝祭《ルーディ・セクラーレス》」を開催・定期化したほか、街路の辻ごとに祠《ほこら》や祭壇を建てた。家庭内で家の守護神と先祖の霊を祭った「ラ
ラリウム」（日本でいう神棚と仏壇を一緒にしたようなもの）を持てない外来者や奴隷たちのための拠《よ》りどころを作ったのである。ポンペイの街のそこかしこにも、こうした祠が遺っている。もちろんユピテルやアポロの神殿もあった。〈カエサ

「ラ ラリウム(祭壇)」あれこれ。家の守護神をはじめ、ジュピターやヴィーナスなどの神様を祀った、ポンペイ市民にとってのいわば氏神様。定型がないあたりに、当時の人々ののびやかな宗教観が窺える

「イシスの祭祀」(部分)。エルコラーノ出土のフレスコ画

ルとアウグストゥスの時代くらい、ローマ人の宗教観が開放的であった時代はなかったのではないかと思う⑰190〉。

〈ローマ人の信仰を一神教の考えで律するかぎり、彼らの想いは絶対に理解できない⑮41〉

〈キリスト教もその一つである一神教は、現世に生きる人間たちに対して、唯一神の教えに従って生きていくことを要求している㊴92〉

ポンペイが火山灰にのみ込まれ廃墟と化してから二百四十年の後、コンスタンティヌス帝によってキリスト教が公認され、やがて勝利をおさめることになるとは、古のローマ人は想像だにしなかっただろう。

エジプト伝来の女神イシスの神殿

塩野七生インタビュー

なぜ、ローマ人は「寛容」だったのか

ローマ人の誇りとは何だったのか？

カエサルの美学とは？　独自の取材方法、執筆スタイル、そしてこれからの作品のこと——。すべてを語った200分。

持っているものを徹底的に活用する

――『ローマ人の物語』全十五巻の完結、お疲れ様でした。これまで様々なローマ史がありましたが、塩野さんは初めてたった一人で通史を書かれた。それだけでも大変なことですが、全く新たな光を当てたというところに、大きな意義を感じています。例えば、ローマ人が「寛容」だったという点。我々日本人にはまず意外でした。更に「寛容」は、全巻通して通奏低音のように常に流れている、ひとつの主題のようにも感じました。

塩野　「寛容」という言葉に、読んでくれた人たちが敏感に反応したのは、今の世界がだんだん「寛容」ではなくなってきているからではないでしょうか。逆に、これまでのローマ史研究ではそれが注目されなかったのは、何で「寛容」が必要なんだろう？　と痛切に感じる機会がなかったからではないかしら。

――ローマ人の「寛容」の中で最たることは、失敗した者にもう一回、チャンスを与えることです。ローマ人以外の古代人は、やはり度量が狭く、戦争でも何でも失敗した者は処刑するのが一般的でした。ただ、ダメだった人にはダメだと言った方が、楽ですよね。それに対して、もう一回チャンスをやるから頑張れという方は、ものすごいリスクがあります。

塩野　私がいつも、ローマ人が他の民族よりも優れていた点としてあげるのは、「自分たちの持っているものを徹底的に活用する能力」です。失敗の原因は、必ずしもその人の能力が劣っていたせいとは限らないわけで、予測を越えた別の事情があったかもしれない。失敗って、何も一つの原因で起きるわけではありません。だから、もう一回チャンスを与えるというのは、人材を活用するという面において、大切なことなのです。ただ、二回つづけて失敗したらやっぱりダメですよ（笑）。

――通常、何かを失敗すると、ローマでいえば戦争に負けることですが、そういった時には、みんな頭に血が上って、責任者探しみたいなことをやりがちではないでしょうか。

塩野　そうね。特に現代ならば、世論が重要視されるから、死んだ息子の母親たちがテレビに登場してきて、責任を取ってくれ、となるでしょう。それは母親の心情としては本当にわかることなんですけれども、共同体が持つ資源の活用ということになれば、失敗した責任者を一回で捨てた方がいいのかどうか、簡単に結論を出せる話ではありません。

――「ハンニバル戦記」を読んでいても、ローマ人は非常に冷静だなという気がします。頭に血が上ることなんかなかったのでしょうか。

塩野　個々では、しばしば血が上ってるんでしょうけれども、全員で血が上るということはないようでしたね。ギリシア、ローマというのは、言論の力がとても大きかったと思うんですよ。頭に血が上った人は、いくら言論の力を使っても説得力を持たないわけです。逆に、何人かの頭に血が上らない人たちによる説得力で、血が上っていた空気が、静まっていく。このように冷静な言論で状態が動いていくというのは、うらやましいとさえ思います。

――それは、「現実主義」とも言えるのでしょうか。

塩野　そうです。自分の考えていることは、もしかしたら半分しか正しくないかもしれないというような疑いを、常に持つのが「現実主義者」です。自分は絶対的に正しいと思い出したら、それは宗教なのね。「現実主義」というのは、現実と折り合って適度に行くというんではなくて、むしろ現実と闘うことなんですよ。闘うとは、自分の側がもしかしたら間違っているかもしれないという疑いを常に抱くことです。

――「現実主義」を突き詰めると、異なる意見にも耳をかす「寛容」へたどり着くところが、羨ましい気がします。「再チャレンジ」を二千年以上前、既に行っている民族がいた。読者が感動したのは、それを昔の古代ローマの問題としてではなくて、今の自分の問題として考えたからなんでしょうね。

塩野　書いてる私自身にも、今の世界は何でこうなってしまったんだろう、というような問題意識が常にあったからでしょう。歴史家となれば常に、その時代の子なんですよ。

問題は、自分自身に対する誇り

――シリーズに素晴らしい点はいくつもありますが、皇帝の問題もそうです。戦後の日本においては、皇帝が治めていた時代が一番良かったというような意見は、タブーでした。

塩野　いや、戦後の日本だけではなくて、フランス革命以来、欧米でもずっと無視されてきましたよ。

――それを塩野さんが初めて、皇帝が治めたって良い時は良いんだと、書かれた。

塩野　いや、ローマ人のように私も考えただけ（笑）。

――一方で、ローマ皇帝というのが不思議な存在なのは、実に激務で、楽しい事はあまりなさそうなところです。中世の王様なら、威張ってればよく、酒池肉林でもよく、我々凡人でもなりたいわけですが。

塩野　ローマ皇帝で、酒池肉林やったのでは殺されちゃいますものね。

――後世の多くの誤解は、ローマ皇帝と民主主義について、その表面だけ見て対極の政治システムと考えたことでしょうか。

塩野　キリスト教化される以前の時代のローマ皇帝は、行使する権力を人間から委託された存在でした。人間が委託する限り、委託するのはやめました、と改めることは可能です。ローマ皇帝は終身だから、今のように選挙で落とすというわけにいかなかった。嫌ならば、殺すしかなかったんです。このようであった時代の次に、権力は神が委託したとされる時代がきます。どうするんですか？　この人は悪帝だといったって、神が委託したんですから、神が雷でも落として殺してくれなくてはいけないとなります。でも、落としてないということは、神がまだ委託している、という解釈になる。

――皇帝の立場も変容していくのですね。しかし、神の後ろ盾がない時代のローマ皇帝は、成果主義の極みで、すごいプレッシャーだったのではないですか。

塩野　なかなか忙しいし、疲れたろうと思いますね。

――普通だったらしり込みする仕事だと思うんですが、それでもなりたがる人がいて、立派に務めを果たした人がいました。不思議です。

塩野　では何故、日本でも首相をやりたい人が絶えないんでしょう。一国のトップなんて、本当ならば凄まじいプレッシャーなのに、ですよ。

――皇帝になってから、初めて辛さがわかる？

塩野　そうではないでしょう。身近にいたらわかったはずです。それでも尚受ける、これがストア派の教えなのね。要するに、あなた方は恵まれたる人だ。恵まれたる人が恵まれない人のために奉仕するのは当然の責務、非常に簡単に言えばこういうことです。一方エピキュロス派になると、個人主義者で、「いや、私はやりません」、「こっちはこっちのことだけやります」と。いつも、人間というのは両方がいるわけですよ。

――単純な比較でしたら、元老院議員でローマ近郊に農場でも持って、皇帝に文句言ってればいいという立場が、楽だと思うのです。でも、やっぱりある種の人たちは、進んで皇帝になろうとする。

塩野　それは……、わかりませんか？　私だって、長くルネサンスを書いてきたんだから、それをずっと続けても良かった。ローマ史になんて挑戦せずに。

――チャレンジ、ということでしょうか。

塩野　チャレンジと言われると、何かスポーツ的な感じがするけれど、やりたいと思ってる人はそれをやったらいいいんですよ。所詮は、自分自身に対する誇り、だと思います。他の人と同じようなことをやって一生を終えるのは嫌だと思ったり、始めた以上は絶対やり遂げるとか……。

――それがその人にとっては、生きるということと同義という意味でしょうか？

塩野　そうですよ。自分のやりたいことをして生きたいってね。若い頃は何をやりたいのかわからなかったのが、いろいろなことをやっているうちに、自分はこれをやりたいんだってわかってくる。だから三十にして立つ、四十にして惑わず、五十にして天命を知る、というのはやっぱり真理なんだと思います。

――それこそ、カエサルだってそういう気持ちだったんでしょうか。

塩野　カエサルはどうだったのかな（笑）。

――三十にして立つ、四十にして惑わず、で。

塩野　まあ、あれほどの男ともなると、普通の人とは比較の対象にならないけども。

私だって、何でローマ人十五巻をやったのかって聞かれてみれば、そういうことですよ。ソクラテスも、人は所詮は死ぬんだから、死ぬまでどう生きるか、いかによく生きるかが問題だって言ってくれたわけです。いかによく生きるかとは、ある人にとっては、自分の命を縮めるかもしれないのに皇帝になる生き方であったり、別の人には、そんなことは真っ平ご免だから、農園で晴耕雨読の生活をしたいんだと、いろいろ。でも、そのどちらか一つだけがよくて、後はダメっていう考えには私は反対ですけど。

それでは、カエサルではない

――カエサルのことをもう少し聞かせてください。彼は情報センスが抜群で、先見性にすぐれた百戦錬磨の政治家でした。そのカエサルをしても、なぜ、暗殺の陰謀に気づかず殺されてしまったのでしょう。

塩野 陰謀を知ってたか知らなかったかというなら、彼は知っていたでしょう。権力を持てば、陰謀に無縁ではいられないと思ってたんじゃないの。強大な権力とは、それを持てば持つほど反対者が出てくるものですよ。我々みたいに持たなければ、そのような心配はしないだけの話。

――カエサルは、あの三月十五日に、例えば、護衛を増やすとか、元老院会議にも行かないとか、策を講じることも出来たのに、やりませんでした。

塩野　それは、そんなことをしたら、カエサルではなくなってしまうからです。例えば、自動車を運転していたら事故に出会う、事故を起す、そういう可能性はゼロではないわけです。ただ、それを考え過ぎると、車には乗れない。自分がやろうとすることは全部やれなくなっちゃうということです。それからもう一つ、あることだけは自分には死んだって出来ないということもあるわけね。

――それでは、カエサルではない、ですね。

塩野　そうです。ただ、そういったことは、読者にあんまり説明しない方がいいんですよ。これは物書きの芸の一つだと思う。だって、私はカエサルではないんです。彼は、全部こうだったたって、私がいちいち説明したら、つまんなくなるじゃないですか。

――だから最後も、「トーガの裾を身体に巻き付けながら倒れた」とだけ、簡単に記されたわけですね。

塩野　読者がいろいろ、ああじゃないだろうか、こうじゃないだろうかと思う。つまり、読者に考える余地を残す。日本の有識者の一番いけない点は、解説のし過ぎ

です。はっきり言うと、余韻を残さない。「ガリア戦記」なんてその面でも傑作ですね。あれを読むと、我々は一所懸命考えるわけですよ。だから私の本の場合、ああわかったと言ってくれても結構なんですが、彼女はこのように書いてるけど、この材料ならば、こういうこともあるんじゃなかったろうか？　と別のことを考えてくれてもいい。それが、書物の面白さです。

――またそれによって、何度も読もうという。

塩野　年齢によって、あの時はそう思ってたけど、今もう一回読んでみたら、こう変わったとか、それでいいわけです。とは言っても、ここはカエサルの心の中に入ったほうがよい、と思う場合もありますが。

――カエサル以外で、塩野さんがもうちょっとこうすればいいんじゃないかと思った皇帝はいましたか？

塩野　いましたね。例えばアウグストゥスは、心の奥底から冷たい男なわけです。あ あこういうタイプは愛人なんかにしないなあ、なんて思いながら書いていていました。向こうもしないだろうけど（笑）。また、横にいて忠告してやりたくなるタイプもある。ティベリウスです。理論だけでは全ては収まらないんだから、ここは少し政治的に振舞ったらどう、なんて言ってあげたかった。

――プレゼンテーションが悪い男なのですね。

塩野　でもまあ、いろいろな皇帝がいたわけ。だから面白かった。カエサルだって、ああいう男ですから、本当は寄り添うなんて出来ませんよ。こちらは待っているだけ。あちらに空いた時間があると来てくれる、そういう関係になったでしょう。私は、カエサルにくっついて行くなんて勇気はありません。勇気はないというか、そんなことは許されない世界で生きているのが彼なので、そばにいたいなんて、傲慢な話ですよ。身近にいたいというのは、自分が役に立つかもしれないという思いがあるからでしょう。カエサルは自分で何もかも考えちゃうんだから、何も私がそばにいる必要はないわけね。だからカエサルの巻に関しては、遠くから見ているか、近くに行くなら透明人間にでもなって、彼さえも私がそばにいるとはわからないという感じの対し方でしたね。

――塩野さんは、ダメ皇帝にもわりと愛着を持っておられると感じました。

塩野　そうかも知れません。でも、愛着を感じることと、評価をどう下すか、これは全く別の問題です。なぜなら、愛着を感じた途端に評価が変わってしまうとしたら、歴史を書く資格はないからです。自分にとっての彼っていうだけだったら、話はまた別ですよ。私が非常に嫌いなのは、日本人はそういう評価をごっちゃにしがちなところ。あれはいい女だけど奥さんにはしたくないとか、仕事では成功したけれど、私生活では失敗者だった、とか言う。どうして、そういう基準でしか考えられないのかって、思う。こちらにいる日本の女性たちとオペラを一緒に観に行かなくなった理由の一つでもあるんだけど、マリア・カラスは最高の歌手だけど、生涯は不幸だったのよね、なんて言う。私はそういう人に向って、あなた達は日本のVIPと結婚をして適度に生活は安定してるけれど、彼女のようにあれだけ歌いきった後に、万雷の拍手を全身に浴びたことは一度もないじゃないですか、と言いたいの。才能を持った人を、自分の下世話な尺度で、評価するなんてとんでもない。蟹《かに》は自分の甲羅《こうら》に似せて穴を掘るっていうけれどその通りで、とかく日本人は、公的と私的な評価を混ぜ合わせちゃう。

——確かにそういうことがあります。

塩野　我々はみんな、この仕事に関しては自分が一番だと思ってますよ。しかし、別のことをやった人を認めるという謙虚さも必要です。それから私は、歴史というものに対しては常に謙虚でありたいと思っていたのね。ローマのどの皇帝だって、彼らなりに一所懸命やったんですよ。私は、そうそう簡単に、あんたたちはダメだった、という評価は下したくなかったのです。

――今の教科書では、帝政＝ダメという感じです。

塩野　帝政というだけでダメって、よくそんなことが言えますねと思う。我々の時代は、未だに戦争があちこちで起きてるんですよ。それを遥か昔に、戦争を二百年起こさなかった時代が実在した。それはどういうことだろう？　と。どうして実在できたのだろうという疑問を抱かないとしたら、学問をする資格は無いと思います。

ローマだからこそ書けた

――全体の話を教えてください。『ローマ人の物語』は、いつどういうふうに構想されたんでしょうか？

塩野　いつ書き始めようと決めていたなんて、明確なものはないんです。ただ、いずれ書こうと考えていたのは確かで、それは遡《さかのぼ》れば三十年も昔になりますね。

――では十五年前、ついに始められた時は、時が満ちたというような感じでしょうか。

塩野　そうですね、それまでも勉強は続けていたのです。でも歳月が重なってくると、心苦しくなりましてね。これはもう書いた方がいいと、思った。かといって、勉強はそこで終ったわけではなく、むしろ始まり。今度は実際に書くための勉強ですから、ずっと細部にわたる。そうやって十五年続けて……、だから、今疲れちゃっています。

――ローマに住んでいたからこそ十五巻書けた、ともよく言っておられました。

塩野　まとまったものを書く環境を作るということ自体がとても難しいのです。もし毎月、別のテーマについて何本も書かなくてはいけなかったとすると、ローマ人に神経が集中出来なかったでしょう。集中と言っても、勉強や執筆に集中する時間だけを意味しない。何もしないでも、そのことについて考えている時間を持てるかが重要なんです。私は、午前中の五時間はローマ史に捧げたけれど、それ以外の時間も、他に考えなければいけないことがある状態ではなかったのです。だから何か雑用しながらも、ちょっとアイディアが浮かぶと、それも書いた付箋を貼り付けておく。その付箋の九十パーセントは役に立たないのですが、少なくともいつでもローマ関係のことが頭に浮かんでくるという余裕が大事でした。

――『ローマ人の物語』にフルに使えたわけですね。

塩野　そう。他の仕事は何にもないから。午後はそれこそアルマーニへ行って、必要でもない服を買ったりなんかする日がある。そんなことをやっていても、尚かつ何かひらめいてくる。くり返して言いますが、勉強のための集中なら誰でも出来るんです。他に職を持っていても、五時間くらいの時間を作るのは誰でも出来ます。反対に、精神的に一つの仕事だけに集中するという環境を作るのは、なかなかむずかしい。別の仕事があったら、絶対ダメなんです。

――仕事はどういう予定で進んでいたのですか？

塩野　執筆の時間は、全部で四ヵ月くらいでしたね。それ以外の時期は、勉強をしている。どちらも午前中の五時間だけです。だってこの部屋には、スタンドがないでしょう。夜は何もしないってことです（笑）。

――午後は自由な時間ですか？

塩野　まあ、いろいろなことをやっていたのですが、ローマ史に直接に関係する勉強はしなければ、執筆もしない。これだけは、はっきりしていました。散歩に出掛けることもあります。外を歩いていると、例えばアウグストゥスの皇帝廟の前を通るじゃないですか。つい、「そのうち書きますからね」とか呟《つぶや》いたり、そういうわけで、知らず知らずとはいえ、いつも考えていました。

――それがローマの最大の効用。

塩野　テヴェレ川を渡って、お酢を買いに行ったりします。するとね、西日が射している。ああ、西日は二千年昔から変わってないわねと思うわけ。ローマってね、七つの顔があると言われています。時代ごとに幾層にもなってるわけです。例えば今のローマは、一五二七年の「ローマ略奪」による徹底した破壊の後に再建されたものですから、バロック様式が多い。でも私は頭の中で、ローマのそれぞれの場所を、それこそコンピューターグラフィックス的に時代別に替えることができるようになりました。

——そういうことが執筆の助けになるわけですね。

塩野　観光客がごった返すパンテオンのそばをよく歩きます。それこそフランス語も聞える、ドイツ語もロシア語も英語も、日本語も聞えるし、という場所です。でも私が書いているのは、古代のローマ時代。そうなると、あそこの群衆の中を歩きながら、日本人やらアメリカ人やらの観光客が、私の目にはスッと古代ローマに生きていた人たちに変わって見える。でも、古代ローマはそれこそコスモポリタンな都市でしたから、当時だってローマ人以外の人もたくさんいたのです。ギリシア人もいれば、ガリア人もいれば、ブリタニアもいれば、アフリカもいれば、オリエントもいる。

——今と、実はそんなに変わらない。

塩野　そう、たいして変わらない。ただその内実だけがちょっと変わっているだけ。だからこれは、想像力の問題でもあるんですよ。

大切なのは肉体生理を伝えること

りました。

――『ローマ人の物語』の魅力は、ローマ人の細かな感情の揺れ動きや、そこに吹いていた風の匂いまで伝わってくることにもあるかと思いますが、その秘密が少しわかりました。

塩野　ローマ史を書くということならば、私は新しいことをしたわけではない。では昔の歴史家と違うことは何かと言ったら、私が地中海ばっかり見ていたことでしょう。お金のなかった時にヨットのヒッチハイクなんかやって、地中海の全域を周っていたのです。だから、地中海ってどういうものだろうといつも考えていたわけ。海ってね、ある意味で繋ぐものですよ。それなのに現代は、海の向こう側とこちら側は何で全然違うのかしらという意識。始まりはそれでした。

――フィールドワークをされていたのですね。

塩野　そうです。昔、福田恆存さんが私に、翻訳というのは意味を伝えるだけじゃなくて、元本を書いた人の肉体生理も伝えることだと教えてくれたことがありました。私もこの本で、ローマ人の肉体生理までも伝えたかった。肉体生理を伝えるには、自分自身で感じないとダメなんです。意味を伝えるだけなら簡単ですよ。箇条書きにすればいい。意味ならば要約も可能です。しかし、肉体生理を伝えるということは、要約不可能なのです。『ローマ人の物語』というのは、ローマ人の肉体生理まで伝えようとしたから、長くなっちゃったのね。

――全十五巻の中身について、細かな構想はあったのでしょうか。

塩野　あれだけ長期に及ぶ本ですから、やっぱりどれはどのあたりがいいかということは、少しは考えましたよ。しかし一方で十五年昔に、全ての巻をどのような内容にすると厳密に決めていたら、かえって書けなかったでしょう。

――流れに身を任すというようなことでしょうか。

塩野　はい。でも、流れに身を任すというのも簡単ではないのです。というのは、独断に陥るということがある。それを防ぐために、自分自身に対しても、始終疑いを持っていましたよ。この解釈でいいかしら？　と。このローマの部屋でしか私が仕事を出来なかったのは、疑問を感じたらすぐにも確認に行けるという場所だったからです。何か疑問が出て来たら、ローマ市内の美術館ならすぐ行くし、イタリア内だって行ける。それから、ローマ帝国内だって、飛行機で最長でも二時間で行くことができます。いつかなどは、あることがどうしても知りたくて、パリのルーヴル美術館までジーンズと運動靴で行って、特別な許可をもらって、物置に三日いて調べものをして、他はどこにも寄らないで帰ってきました。日本にいたら、ヨーロッパのどこそこを周るという予定を立てて、周らざるを得ないでしょう。それがローマにいると放射線状に行けるのね。

――「すべての道はローマに通ず」ということですね。

塩野　インターネットを使える若者が、それでローマ関係のあらゆるものを調べようとしたら、全部網羅出来ますよ。ならばそれで書けるか？　書けないと思う。北アフリカの強烈だけどものすごく乾いた太陽ね。汗かいても流れないで蒸発しちゃう。あいうところの遺跡に立ってみる。一方で、雨ばかり降るイングランド。その二つともを身体で体験しなければ、どうして、北アフリカ出身の人物がブリタニアで死ぬ哀しさというのが出てくるか。理論的には、パソコンだけでもローマ史は書ける。しかし、登場人物を活かすことはできるでしょうか。

仕事の方を、整理した

――『ローマ人の物語』には、物凄い数の事件、事実、人物が出てきます。それらのデータはどうやって整理してらっしゃるのでしょうか。

ITALIA
Atlante di Roma
BVLGARI

塩野　昔、『「超」整理法』がベストセラーになった時に、よく聞かれたんですよ。あなたはどうやって整理してるのかって。私の答えはいつも同じ。資料ではなくて、仕事の方を整理しちゃったんですよ、と（笑）。だから、普通に考える資料整理は一切しない。つまり全てを、頭の中で泳がせてるわけ。

――取材旅行に行かれた場合はどうでしょう？

塩野　どこに行こうとも、旅行記って書いたことがないんです。一応は文章のプロですから、旅行記を書くと、文章として書き上がった時に、それの方のインパクトが強くなる。頭の中で泳がせていた時よりも、書いた自分を拘束することになる。

――かえってよくないのですね。

塩野　例えば小アジア地方。あの地方は相当詳しく見てまわったけれど、あそこはね、一時代だけの地方ではないんです。それこそ延々と何時代にもわたって歴史が積み重なっているわけですよ。だから、旅行記を書いてしまうと、何世代も積み重なった歴史を持つ小アジアを一回で書くことになる。でも、もしも書かなければ、私の頭の中の引き出しは何にも縛られることなく自由なままです。後で、ギリシア時代の小アジアが必要ならば、その分を取り出しそこだけを書く。ある時は、ローマ時代の小アジアだけ取り出す。まだ書いてないけれど、十字軍時代を書こうとすれば、その時の小アジアをすぐ取り出す、そういうことが出来る。つまり必要なものだけを取り出すためには、形として出来上がっていては具合が悪いんです。

——では、取材先のイメージというものはすべて素のまま頭の中に寝かせてあるというわけですね。

塩野　そうです。別の譬《たと》えだと、マグロがあるとします。これを、照り焼き用の切り身にさばいてしまう。そしたら、その照り焼きにして残ったのはそれ以外では使えない。じゃあ、お刺身にしようと、全部綺麗に切りますね。だけど残っちゃった。じゃあ残りは、照り焼きにしようか？　とんでもない、お刺身を照り焼きにしたっておいしくない、そういうことですよ。だから私は、マグロは塊のまま、そのまま置いておく。初めから刺身用、照り焼き用、何用と分けないんですよ。だって次に自分がどの時代の何を書くか、わからないんですから。

——なるほど。

塩野　というわけで仕事の方を整理しちゃったから、その関連だけを考えていればよい。例えば、テレビのニュースを見ていて、アメリカとイラクの戦争が始まった。そこで、アメリカ軍はどうやってイラクを攻めるんだろうか、とみんな思う。ところが私は、ローマは同じところに攻め込むのにどうやっていたのだろうか、という風に考える。ローマが、パルティアやペルシアとの戦争をする時にはどのようにしたか。こう考えることで、古代も生きて私の眼の前に現われる。更に、ローマは成功したのに、アメリカが成功していないのは何故だろう、って、新たな想像が次々膨らむ。一方で、仕事は一つに絞っているから、アメリカ軍がどうイラクと戦争をしているかについてどこかに書く義務はない。おかげで、いろいろな事をいつも自由に考えていられる。

――また新しい発想へ繫がっていくわけですね。

塩野　それが仕事を一つに絞った場合の利点です。だから私は、『ローマ人の物語』の読者にありがとうってお礼を言いたいんです。だってもしもあのシリーズが売れなかったら、私でも他の仕事もせざるを得なかったと思うのね。そうすると、他のことも考えることになるから、頭を空にしておくことはできない。でも多くの読者のおかげで、私は自分の頭を全部ローマ史に提供出来たわけね。それはすごく嬉しかったことです。

野戦の指揮官タイプ？

――小アジアの話が出ましたが、実際の取材はどんな風に行われていましたか。

塩野　昔からそうなんですが、お金のあるなしにかかわらず、自分が知らない所へ行く時は三顧の礼を尽くして、その土地の最高のガイドを頼むんです。そうすると、ほとんど当地の大学の先生ね。言葉にしても、イタリア語か、フランス語か、それともラテン語か、もう混ぜこぜ。でも、「どうしてですか？　何でですか？」ってしつこく聞くと、「いや、それならばこの近くにあるあれを見た方がいい」って親切に教えてくれるようになる。最後はたいてい、「楽しかった、お金はいらない」って言ってくれたわよ（笑）。

――こんなに自分の話を熱心に聞いてくれるのか、という感じでしょうか。

塩野　だから、『ローマ人の物語』は、十五年で済んでいるわけじゃないのよ。仕込みから入れたら、四十年以上もかかっている。その時には、いつか書くとまでは考えていなかったけれど、でもやっぱりいろいろ見てはいたのです。

――現地で写真なんかは撮られたりしたんですか。

塩野　私は、カメラを持って取材したことはないんです。だから、自分で写した写真はない。カメラがあると、私みたいな素人は、どうやって写すとか余計なことを考えてしまう。それよりも、自分の眼で見る、だけでいい。写真では傑作な失敗話もあって、ロードス島に行った時、石弾の大きさを実感するために、まだ小っちゃかった息子を座らせて写してみた。そしたら、子供って成長するから、執筆する時期になって、なんだかわかんなくなっちゃった。「え、そんなに大きかったはずはない」とかね。結局、自分で覚えているのがいいの。自分の感じが大事なのね。写真は写さないけれど、絵葉書はたくさん買います。それと地図。だって、グーグルはなかった時代なんですよ（笑）。

――そうでした。

塩野　私は、整理とか、緊密な計画とか好きでないんですね。黒澤明さんと話している時に、「どうして脚本ではこんなに小さな場面なのに、映画では大きくなっちゃったんですか？」って尋ねたら、彼が「三船が落馬してさ、それで変えたんだ」って。あの方は野戦の総指揮官なんですね。私も作品の流れを大切にするのが好き。流れに乗るってそういうことですよ。

――塩野さんも、野戦の指揮官タイプですね。

塩野　ジェフリー・アーチャーが、自分は初めと終わりだけ決めて、それで書き始めるんだと言ってましたが、私もそう。一所懸命書いていると、話の進み方が、私のあさはかな智恵を超える時が出てくるんですよ。ローマ人達が、私を超えて勝手に動いていく（笑）。それがいい。ただし、そういう流動式なシステムにする以上はやはり、執筆は一時期に集中する必要はありますが。

――一日に書かれる原稿は何枚くらいでしたか。

塩野　十枚前後、というところでしたね。

――新しい巻を書き始めて、いつ頃書き終わるかというような目処《めど》は、あったんですか。

塩野　それは自動車の運転と同じで、大体向こうに何時頃に着くかはわかるんです。それからだけど、途中で事故にあって足止め食っちゃったら、やっぱり遅れるわけ。それからもう一つ、私にしばしば起こったことは、途中で休んでしまうこと。そこにちょっと面白い教会があって立ち寄ったから、到着の時間が一時間遅れるということはあるでしょう。第十五巻では、それが起こっちゃったのね。いつもの年より一ヵ月は前から書き始めたから、本当は七月の末に終わるはずなのに、八月末になっても終わりませんでした。

――ある種の、いい寄り道があったと？

塩野　いや、寄り道っていうんではないんだけれども、書いているうちに、ここは詳しく書く意味があると思った。それで、西ローマ帝国の滅亡以降も詳しく書いたわけです。要するに私は、執筆中に縛られたくないのね、あらゆることに。どんな判断にも。例えば、私はキリスト教徒ではない。でも、時代が変わるにつれて優秀な人材がキリスト教の側から出るようになるのを見て、それはどういうことだろう？　と、疑問に思うの。当時のキリスト教会に優秀な人材を惹きつける何かがあったわけですよ、かつての古代ローマ帝国みたいに。ならばそれは、なんだったんだろう？　と。考えがどんどん進んで行きます。その時、反キリスト教とかは関係ないの。だからあらゆることが考える対象になっちゃって楽しいけど、少しずつ書く速度は遅くなって、十五巻の最後の方は、一日に五枚ぐらいしか書けませんでした。

――シリーズを書いた上で、この巻は苦労したということは、特にあったのでしょうか。

塩野　最盛期というのはすべてが明快ですから、その時代に生きた人たちも、明快な目的を持てたわけだから突き進んで行ける。こちらが後で追って行くのも、スイスイと行ったわけよ（笑）。ところが、ローマでも衰退期に入ると、その時代に生きた人たちは、明快な答えや目標が見つからなくて悩んでいるんです。当然こちらは、悩みも一所懸命書きたいから、これはもう、悪路を行くようなものになっちゃうわけですよ。そういう時代は書く方も辛いけれど、読む方も辛いかもしれない。

——でも、単に辛いだけじゃなくて、そんな時代にも活き活きと傑出した人物がいました。例えば、十五巻のスティリコとか。

塩野　そうです。だから、書きつづけられたのでしょう。

全く別のことに挑戦するでしょう

——さて、全十五巻完結したわけですが、塩野さんの中で、大きな心境の変化はありましたか？
塩野　今は、ギリシア語でいうとアパテイアという状態。パトス（情熱）が消えて、無気力な状態です。
——具体的に、書き上げた直後というのは、どんな感じでした？
塩野　書き上げた瞬間は、実になんていうかキョトンとしていただけ（笑）。それで、「書き終わった」と電話で息子に言ったら、「それは良かったね」って、そこまでは順当ですけれど、「今日は外へ出ない方がいいよ」って。何故かって、もしかした

ら自動車の前にふわっと出てって轢《ひ》かれるか、でなければ、衝動買いするに違いないからだって（笑）。

──十五年間続けてきた生活のサイクルで、午前中は机に向かわれるのは今も同じですか？

塩野　終わった後、二週間くらい机に向かわなかったら、やっぱり時間を持て余してしまって、この頃は本を読んだり勉強したりはしています。

──『ローマ人の物語』を読み返してみるとか、なさるんですか？

塩野　しませんね。私は思い切りがいい方なんですよ（笑）。

──十五巻を終えて、ここにはもう一度行きたいというような場所はありますか？

塩野　今まで書いたところを、もう一度全部周ろうかとちょっと考えてみたんですけれど──、やっぱりそんなことをやっているお金も、時間もないんじゃないかと、最近はちょっと正気に戻ったわね（笑）。

──全部周り出したら、それこそハドリアヌスってことになってしまいます（笑）。

塩野　それからもう一つ。あることをやったら、どこかでけりをつけた方がいいんです。ルネサンス物を書き終えた時もそうでした。集めた史料を使いながらでも、物書きとしての仕事は続けられたでしょう。でも、やはり新しいものに立ち向った方が、精神的にもいいんではないかと思っています。

——次回作は、決まっているんでしょうか。

塩野　もういい年なので、楽観的に考えたとしても仕事できるのはあと十年です。その間に果たして何が出来るのだろうかと、考えていますよ。例えば、ローマ人の話を講演して回る、それで生活は出来るはず。でも、それをやりたいのか？　それとも、もう一つ別の物語を書きたいのか？　たぶん私の性格では、全く別のことに挑戦するでしょう。安住っていうのは、頭にも体にもよくないんですよ。それが、私の生き方。

——次にどの時代を書くかまだ決まってないということは、今はいろんなイメージを泳がせている段階？

塩野　いや、泳がせもしていない。ただ単に、無気力な状態（笑）。でも、いつまでもそれでは困るから、読んでくれたり本を買ってくれたりしたことへのお礼を兼ねて、今年は読者との対話をしようと思っています。そうしているうちに、来年以降のこともはっきりしてくるでしょう。

——ありがとうございました。

於・ローマ

『ローマ人の物語』略年表

Ⅰ

前七五三…ローマ建国（伝承による）
五〇九…ローマ、共和政へと移行
四四九…最初の成文法「十二表法」が採択される
三一二…アッピア街道、敷設される

Ⅱ

二七〇…ローマ、イタリア半島を統一❶
二六四…カルタゴとの戦役始まる
二一八…ハンニバル、アルプスを越えイタリアへ進攻
二一六…カンネの会戦。ローマ軍大敗
二〇二…ザマの会戦。スキピオ、ハンニバルを破る

Ⅲ

一四六…ローマ、カルタゴを滅亡させる
一三三…護民官ティベリウス・グラックス、農地改革に取り組むが反対派に殺害される
一〇七…マリウス、軍制改革に取り組む

Ⅳ

一〇〇…ユリウス・カエサル誕生
八一…スッラ、無期限の独裁官に就任し国政改革に着手
五八…カエサル、ガリア属州総督に就任。ガリア戦役始まる（〜前五〇）
四九…「元老院最終勧告」をつきつけられたカエサル、ルビコン川を渡る

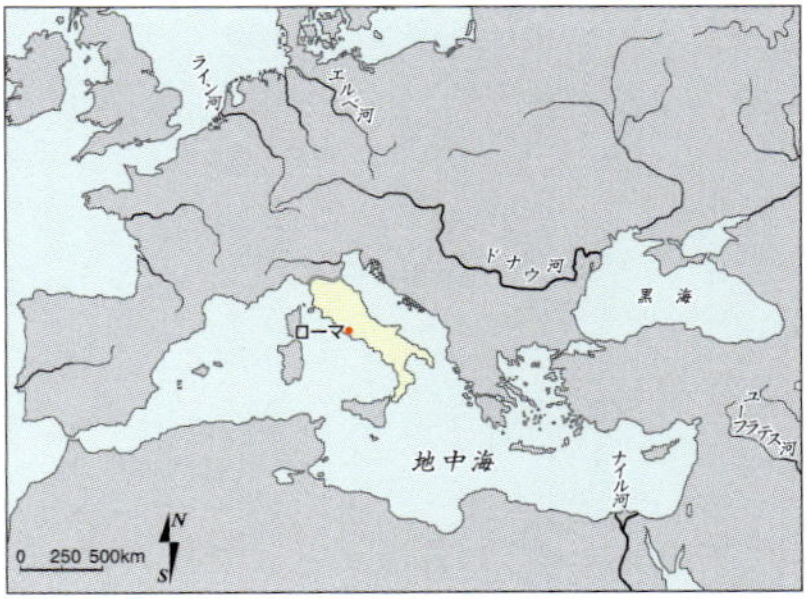

❶イタリア半島統一

Ⅴ

四八…ファルサルスの会戦。カエサル、ポンペイウスを破る
四六…カエサル、ローマに帰還し改革に着手する
四四…カエサル、終身独裁官に任命される
　カエサル、ブルータスらに暗殺される

Ⅵ

三一…オクタヴィアヌス、アクティウムの海戦でアントニウスの軍に勝利
三〇…オクタヴィアヌス、ローマへ帰還。帝政時代始まる❷
二七…元老院、オクタヴィアヌスに「アウグストゥス」の尊称を贈る

Ⅶ

後
一四…皇帝アウグストゥス死去。ティベリウスが後を継ぐ
三七…カリグラ、皇帝に
四一…皇帝カリグラ、殺害される。クラウディウスが皇帝に即位
五四…ネロ、皇帝に
六四…ローマで大火発生。キリスト教徒が弾圧される
六八…元老院、皇帝ネロを「国家の敵」と定める。ネロは自死

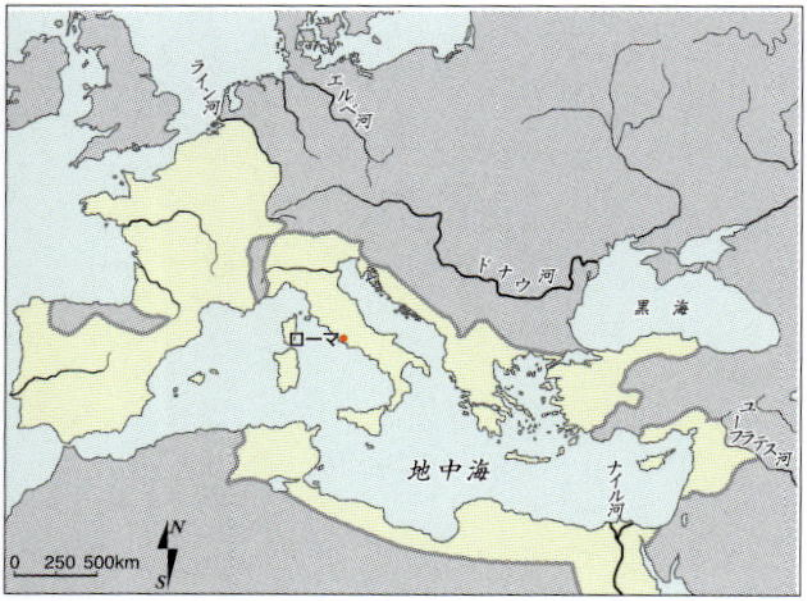

❷帝政開始

Ⅷ

六九…ヴェスパシアヌス、帝国を掌握

七九…ティトゥス、皇帝に。ヴェスヴィオ火山が噴火し、ポンペイなどが埋没

八一…ドミティアヌス、帝位に就く

九六…ネルヴァ、帝位に就く。五賢帝時代の始まり

Ⅸ

九八…トライアヌス、帝位に就く

一一六…このころ、ローマの版図が最大に❸

一一七…ハドリアヌス、帝位に就く。治世のほとんどを帝国各地の視察に費やす

一三八…アントニヌス、皇帝に即位。アントニヌス・ピウスと呼ばれる

Ⅺ

一六一…マルクス・アウレリウス、皇帝に即位

一八〇…皇帝マルクス・アウレリウス、戦地で冬営中に死去。五賢帝時代の終わり

Ⅻ

二一二…皇帝カラカラ、「アントニヌス勅令」を発布。属州民にも市民権が与えられる

二一七…皇帝カラカラ、暗殺される。以後、軍人皇帝時代始まり、帝国は混乱状態に陥る

二六〇…皇帝ヴァレリアヌス、ペルシア軍に捕らえられる

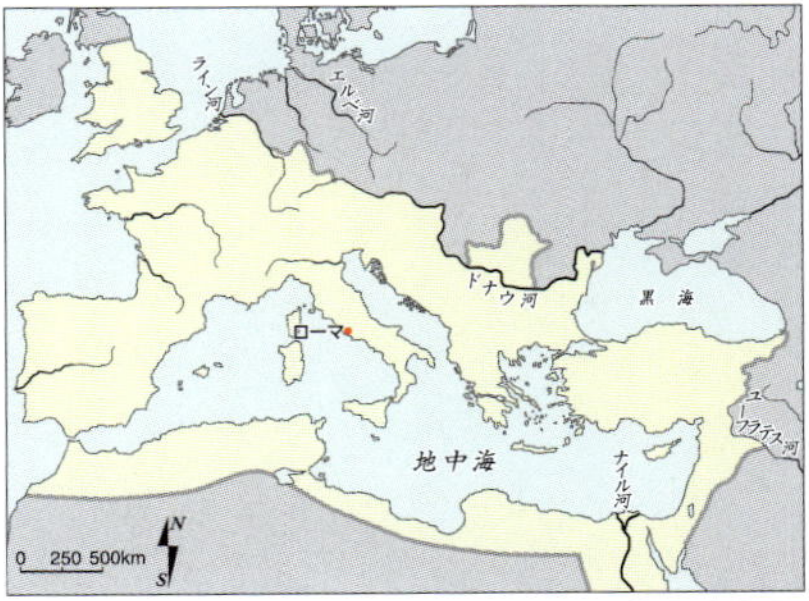

❸最大版図

XIII XIV XV

二八四…ディオクレティアヌス、皇帝に即位
二九三…皇帝ディオクレティアヌス、帝国統治を四分し「四頭政」を開始
三一三…皇帝コンスタンティヌス、ミラノ勅令を公布。キリスト教が公認される
三三〇…コンスタンティノープル、帝国の新都となる
三六一…ユリアヌス、皇帝に即位しギリシア・ローマ宗教の再興を図る
三七八…ハドリアノポリスの会戦。ゴート族に敗れ、皇帝ヴァレンスは殺害される
三八八…皇帝テオドシウス、キリスト教を国教と定める
三九五…ローマ帝国、東西に分離❹
四五二…フン族、王アッティラに率いられイタリアに侵入
四七六…西ローマ帝国滅亡
五二七…ユスティニアヌス、東ローマ帝国皇帝に即位
（一四五三…コンスタンティノープルが陥落、東ローマ帝国滅亡する）

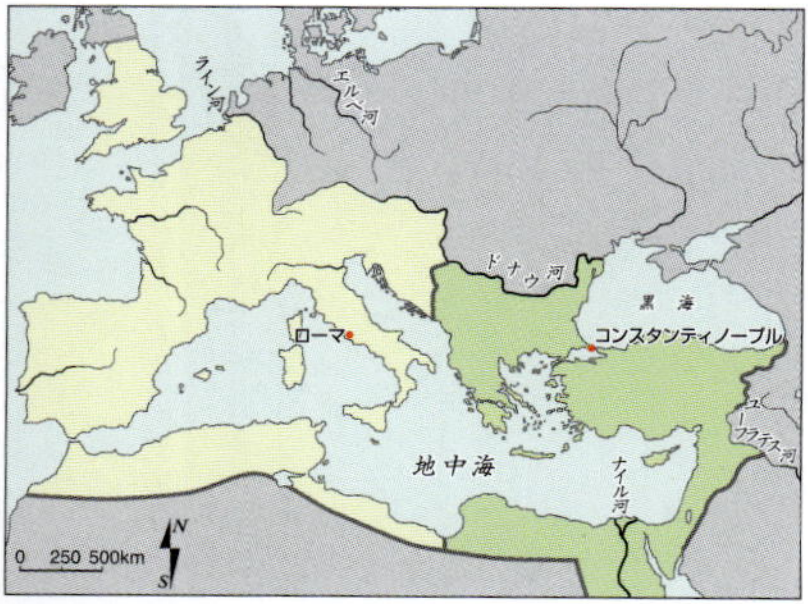

❹東西分離

CORBIS（25、37、39、105、109ページ右、180ページ上、195ページ上）
Erich Lessing/PPS通信社（65ページ左、235ページ）
Getty Images（29ページ下、61、196-197ページ）
Jean Claude Golvin（58ページ）
Metropolitan Museum of Art（245ページ下）
Mitsuya T-Max Sada（302ページ右）
Museum of Fine Arts, Boston（224ページ［ヌメリアヌス］）
NY Carlsberg Glyptotek（52ページ左、119ページ円内）
Photo RMN/Hervé Lewandowski/Sebun Photo（223［トレボニアヌス・ガルス］、247ページ）
Scala Archives（14、46、180ページ下、250ページ）
Soprintendenza Archeologica di Roma（104、267ページ左）
Soprintendenza per i Beni Archeologici per le province di Napoli e Caserta（31ページ）
Tate Images（34ページ）
編集部および新潮社写真部（記載のないものすべて）

装幀

新潮社装幀室

本文デザイン・DTP

SONICBANG CO.,

写真・イラスト提供

桜井紳二（62、220ページ）
鈴木美知（155-157ページ）
田代知子（152-153、164-165ページ）
野中昭夫（100-101、117、131、198-202、282、297、304-309ページ）
峰村勝子（138ページ）
平川嗣朗（123、287ページ上）
平松玲（108、113ページ左、118、141、273-274、276、280、283、285、287ページ下、288-289、290ページ下、296ページ）
松藤庄平（119上、293-294、298ページ）
Akg-images/PPS通信社（225、237、251、264ページ）
Ancient Art & Architecture Collection（29ページ上、65ページ下）
Alinari Archives（26、43、44、65ページ右、70、222［バルビヌス］、224［カリヌス］、257、259ページ）
Allan Swan（182-193ページ）
Andrea Angelini, Savignano sul Rubicone Town Council（55ページ）
Archivio Fotografico dei Musei Capitolini（245ページ上）
ARSANTIQVA London（38ページ）
Arturo Fratta, "*Campi Flegrei,*" Alte Tipografica, 2001より（49ページ）
Bridgeman Art Library（52ページ右・下、179、221［ヘラガバルス］、224ページ［タキトゥス］）
British Museum（64、67、128、152、204、218、223［ヴァレリアヌス］、224［アウレリアヌス、カルス］、229、232、244、256、267ページ右）
Civici Musei d'Arte e Storia di Brescia（223ページ［クラウディウス・ゴティクス］）

塩野七生《しおのななみ》『ローマ人《じん》の物語《ものがたり》』
スペシャル・ガイドブック

新潮文庫　し-12-50

平成二十三年九月一日発行
令和六年八月十日十刷

編者　新《しん》潮《ちょう》社《しゃ》
発行者　佐藤隆信
発行所　株式会社新潮社
郵便番号　一六二—八七一一
東京都新宿区矢来町七一
電話　編集部(〇三)三二六六—五四一一
読者係(〇三)三二六六—五一一一
https://www.shinchosha.co.jp

価格はカバーに表示してあります。

乱丁・落丁本は、ご面倒ですが小社読者係宛ご送付ください。送料小社負担にてお取替えいたします。

印刷・錦明印刷株式会社　製本・錦明印刷株式会社
© SHINCHOSHA 2007 Printed in Japan

ISBN978-4-10-118150-9 C0195